ゼロからやりなおし！
世界史
見るだけ
ノート

監修
祝田秀全
Shuzen Iwata

宝島社

ゼロからやりなおし！

世界史
見るだけ
ノート

監修
祝田秀全
Shuzen Iwata

宝島社

はじめに

イラストで
世界史の旅へ

　社会人になった今さら、世界史を学びなおす必要なんてない──そう思っている人がいたら、それは大間違いだ。すぐにその認識を改めたほうがいいだろう。

　昨今は、自分の生活圏から遠く離れた場所のことだから関係ない、とはもはや言えない時代だ。世界各地でおきている、様々な民族・宗教的紛争、経済や政治トラブルは、なぜおきているのだろうか？　**世界的な問題の原因は、世界史を紐とけばわかる。**

　もっと言うと、世界史には、仕事のヒントもたくさん詰まっている。仕事で外国人と付き合いはじめたり、海外へ出張に出たりする際、世界史を頭に入れておくと、交流も交渉もスムーズになるだろう。**グローバルな人材となって世界を飛び回るために、世界史の知識は必要不可欠なのだ。**

　また、歴史は繰り返すものである。史実にあった出来事からビジネス上でも使える戦略が思い付くかもしれない。仕事で失敗した時、ピンチになった時に、歴史上の英雄の名言に背中を押されることもあるだろう。

　とはいえ、世界史は社会人になってからこそ必要な教養だ、とわかっても、「もう一度、教科書を読むのは……」と思う向きもあるだろう。そんな方のために、本書をおすすめしたい。
　高校の授業や大学受験の時に覚えたような歴史用語や語句は必要最低限にとどめ、歴史の流れを**イラストで視覚的・直感的に理解できるように構成した**。過去に世界史の勉強で挫折した人でも、きっと一気に学びなおすことができることだろう。

　本書を読んだ皆さんが、世界各地で起きている問題について考えなおしたり、これからの日本がどのような道を歩んでいくのかに思いを巡らせたりする、その一助になれば幸いである。

ゼロからやりなおし！
世界史見るだけノート
contents

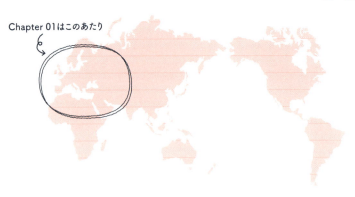

Chapter 01はこのあたり

Chapter 01
古代文明の世界

- **01** 古代メソポタミア文明は何が革新的だったのか？ …… 12
- **02** 古代オリエント世界を統一したアッシリアの強さ … 14
- **03** 古代ギリシアの「ポリス」は民主政治の源流となった …… 16
- **04** ペロポネソス戦争はなぜおこったの？ …… 18
- **05** インドまで遠征した英雄アレクサンドロス大王 …… 20
- **06** 古代ローマ帝国の繁栄 "パクス・ロマーナ" …… 22
- **07** 「賽は投げられた」と賭けに挑んだ英雄カエサル … 24
- **08** 隆盛をきわめたローマ帝国はなぜ衰退したのか？ …… 26
- **09** 西洋文明の礎を作ったギリシアとローマの文化 …… 28
- **10** 苦難と抵抗の中で生まれたキリスト教 …… 32
- **11** 死後のよみがえりを求めた古代エジプト文明 …… 34

Chapter 02はこのあたり

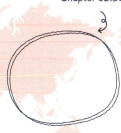

Chapter 02
アジア世界の形成

- 01 占いで人々を支配した 古代中国の黄河文明 ……… 38
- 02 誰が築き上げたのか？ 謎だらけのインダス文明 …… 40
- 03 はじめて中国を統一した 始皇帝は名君？ 暴君？ …… 42
- 04 創始者のいない宗教 ヒンドゥー教の誕生 ………… 44
- 05 発祥地インドには 浸透しなかった仏教 ………… 46
- 06 中国で誕生した大帝国・ 唐の繁栄と衰退 ……………… 48
- 07 科挙は「超」競争率の 高いお受験だった！？ ……… 50
- 08 世界を傘下に置いた？ モンゴル帝国チンギス・ハン ………………………… 54
- 09 東西の人とモノを 結んだ3つの道 ……………… 56

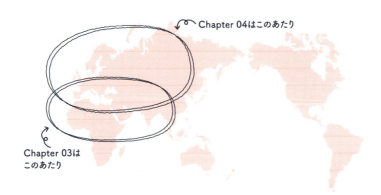

Chapter 03
イスラーム世界の形成と拡大

- **01** イスラーム教はどのように生まれた宗教なの？ …… 60
- **02** スンナ派とシーア派に分かれたイスラーム教 …… 62
- **03** イスラーム教の大帝国を築いたオスマン帝国 …… 64
- **04** イスラーム文化の多様性がヨーロッパにもたらしたもの …… 66
- **05** なぜヒンドゥー教徒の多いインドにムガル帝国が？ …… 70
- **06** ムガル帝国、オスマン帝国はなぜ衰退したのか？ …… 72

Chapter 04
ヨーロッパ世界の形成

- **01** 中世ヨーロッパはゲルマン人の大移動から …… 76
- **02** フランク王国カール大帝は尊大で残酷だった？ …… 78
- **03** ビザンツ帝国から大国ロシアが生まれるまで …… 80
- **04** 中世ヨーロッパでなぜ教会の力が拡大した？ …… 82
- **05** 「黒死病」で人口が3分の1も減った？ …… 84
- **06** 十字軍の遠征が7回にもわたった理由とは？ …… 88

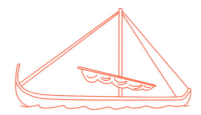

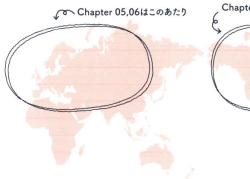

Chapter 05,06はこのあたり
Chapter 06はこのあたりも
Chapter 05はこのあたりも

Chapter 05
近世ヨーロッパ社会の発展

- 01 「発見」されたアメリカと古代アメリカ文明 …… 92
- 02 「復興」という意味を持つルネサンス芸術は傑作揃い …… 94
- 03 スペインとポルトガルが海へと乗り出した訳とは? …… 96
- 04 宗教革命はなぜドイツではじまったのか? …… 98
- 05 「太陽の沈まぬ国」スペインがイギリスに負けた理由 …… 100
- 06 現代の「国民国家」の礎となったヨーロッパの政治 …… 104

Chapter 06
欧米近代社会の確立

- 01 コーヒーがアメリカの独立を助けた? …… 108
- 02 イギリスでおきた市民革命と産業革命 …… 110
- 03 王朝が戦争をしすぎてフランス革命が勃発した? …… 112
- 04 ナポレオンの野望と挫折の軌跡をたどる …… 114
- 05 「会議は踊る」って何? ウィーン体制の真実 …… 116
- 06 世界を牛耳るイギリス・ヴィクトリア女王 …… 118
- 07 なぜドイツの帝国統一はヴェルサイユ宮殿で成立? …… 120
- 08 "足りないものは外国から" 帝国主義の台頭 …… 122
- 09 科学革命がもたらした思想の移り変わり …… 124

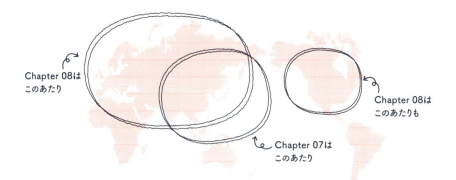

Chapter 07
アジアの変動

- 01 ヨーロッパより早く大航海を成した明王朝 …… 128
- 02 日本とアメリカの銀が世界経済を支えた …… 130
- 03 おさげ髪で中国を統一？清王朝と満州族とは …… 132
- 04 ヨーロッパを魅了した中国と日本の陶磁器 …… 134
- 05 "アジア最強"の中国がイギリスに負けるとは！…… 136
- 06 中国没落をきっかけに植民地化されていくアジア …… 138
- 07 アジアのリーダーが大国・中国から小さな国・日本へ …… 140
- 08 皇帝制の終焉と中華民国の成立 …… 142

Chapter 08
第一次世界大戦とアメリカの台頭

- 01 ロシアが南下するのは冬の厳しさ故だった …… 146
- 02 バルカン半島はなぜ「ヨーロッパの火薬庫」？ …… 148
- 03 ヨーロッパが二分に！第一次世界大戦勃発 …… 150
- 04 民衆が革命をおこしソヴィエト政権は生まれた …… 152
- 05 イスラーム世界の混乱はイギリスの三枚舌外交から …… 154

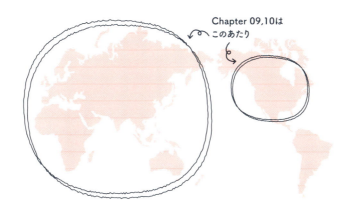

Chapter 09,10は
このあたり

Chapter 09
ヴェルサイユ体制と第二次世界大戦

- **01** 戦後の国際秩序 ヴェルサイユ体制とは？ 158
- **02** ヨーロッパ全土が戦地！ 第二次世界大戦の勃発 160
- **03** 戦後、アメリカが国際社会のリーダーに 162
- **04** 第二次世界大戦下で朝鮮半島の戦後が決まった 164

Chapter 10
戦後の国際政治と現代の世界

- **01** 米ソ対立はなぜ冷たい戦争と呼ばれるのか？ 168
- **02** ユダヤ人はなぜイスラエルを求めるのか？ 170
- **03** 文化大革命でさらに弱体化する中国 172
- **04** 経済同盟ASEANはもともと政治同盟だった？ 174
- **05** 戦後のヨーロッパ統合とEU分裂の危機 176
- **06** 「テロとの戦い」が超大国アメリカをゆるがす 178
- **07** なぜ今も世界各地で紛争は絶えないのか？ 180

はじめに ……………………… 2

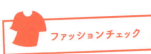
ファッションチェック

ローマ市民　ローマ軍人 ………… 30

唐の女性　清の女性 ……………… 52

ムガル帝国の王族
オスマン帝国軍のイェニチェリ …… 68

エリザベス1世時代の英国貴族
ヴィクトリア時代の紳士 ………… 102

建築チェック

ロマネスク様式　ゴシック様式 …… 86

Column

01 クレオパトラは
　　美女ではない？ ……………… 36

02 琉球王国は
　　日本でも中国でもない国？ … 58

03 茶が
　　世界を動かす？ ……………… 74

04 ゼロ（0）は
　　世界を変えた偉大なる発明 … 90

05 世界はヒツジを
　　中心に回っている？ ………… 106

06 「かわいい〜」を
　　生んだフランス王妃 ………… 126

07 東南アジアで
　　植民地化されなかった国は？
　　……………………………… 144

08 T型フォード車が
　　現代の生活様式の源？ …… 156

09 子ども達のデモで
　　ゾウがやって来た？ ………… 166

世界史・日本史年表 …………… 182

主要参考文献 …………………… 191

Chapter 01

古代文明の世界

紀元前5000〜2000年に、メソポタミア、エジプトなどで河川流域に文明がおこった。これが人類史の嚆矢（こうし）といわれるので、世界史はここから読み解こう

section

01 古代メソポタミア文明は何が革新的だったのか?

02 古代オリエント世界を統一したアッシリアの強さ

03 古代ギリシアの「ポリス」は民主政治の源流となった

04 ペロポネソス戦争はなぜおこったの?

05 インドまで遠征した英雄アレクサンドロス大王

06 古代ローマ帝国の繁栄"パクス・ロマーナ"

07 「賽は投げられた」と賭けに挑んだ英雄カエサル

08 隆盛をきわめたローマ帝国はなぜ衰退したのか?

09 西洋文明の礎を作ったギリシアとローマの文化

10 苦難と抵抗の中で生まれたキリスト教

11 死後のよみがえりを求めた古代エジプト文明

このあたりのシリア、イラク

01 古代メソポタミア文明は何が革新的だったのか？

史上初の文明は、ユーラシア大陸南西部に位置するティグリス川とユーフラテス川の流域で生まれた。

前30世紀頃、メソポタミア地方はシュメール人が支配していた。**農業や交易を行い、文字などの高い文化を形成していたが**、前24世紀頃にアッカド人によって滅亡。前19世紀頃には、アムル人がバビロン第一王朝を樹立した。前18世紀、第6代ハンムラビ王がメソポタミアを統一し、**全文282条からなる「ハンムラビ法典」**を制定。遊牧民族との争いを繰り返しながらも300年近く続く中央集権国家を築いていった。

メソポタミア＝「川の間の土地」の文明

ハンムラビ法典
「目には目を　歯に歯を」という文章で有名な法典。2mもある巨石に楔形文字で刻まれている。

農耕のおこりと国家の成立

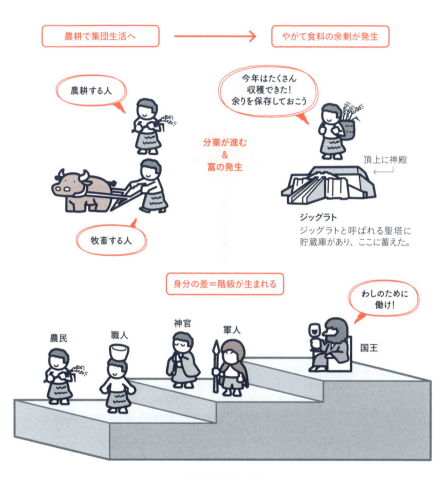

人類が農耕や牧畜を行うようになったのは約1万年前のこと。**メソポタミア文明では、前30世紀以降に治水・灌漑による農業がはじまった。**大河沿いの肥沃な土地に人が集まるようになり、村落は都市へと発展。**1年12か月制、1週7日制、太陰暦、60進法、楔形文字**など、現代にもつながる数多くの文明が生まれた。

02 古代オリエント世界を統一したアッシリアの強さ

様々な国家や民族を統一し、史上初の世界帝国となったのが、ティグリス川上流を拠点とするアッシリアだ。

前16世紀、栄華を誇ったバビロン第一王朝を滅亡させたのが、**馬と鉄を武器に力を伸ばしたヒッタイト**だった。そのヒッタイトから製鉄技術を学び、屈強な戦車隊を構築するなど、強力な軍事体制を敷き、**史上はじめてオリエント世界を統一したのがアッシリアだ**。前7世紀にはエジプトを征服。アッシュール・バニパル王の時代に最盛期を築き、その領土はメソポタミアからシリア、アナトリア、エジプトにおよんだ。

鉄器を操る者が強者

前2000年頃　ヒッタイト人

史上初！
鉄器を武器に使用

戦車で敵を攻める！

前1000年頃　アッシリア人

鉄製武器をさらに強大化した

戦車＋騎兵隊も！

日本人と鉄器

弥生時代に鉄器と青銅器がほぼ同時に伝来し、製鉄技術は6世紀頃、古墳時代に確立。鉄器は農具や武器など実用の道具に、青銅器は祭器としての利用が多かった。

歩兵もいたよ

石を運んで上から敵に落とすという戦法で戦ったよ

アッシリアからアケメネス朝へ

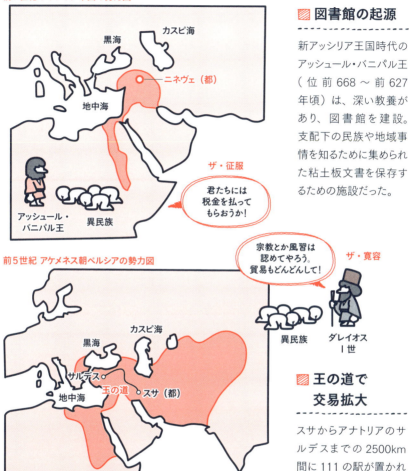

図書館の起源

新アッシリア王国時代のアッシュール・バニパル王（位前668〜前627年頃）は、深い教養があり、図書館を建設。支配下の民族や地域事情を知るために集められた粘土板文書を保存するための施設だった。

王の道で交易拡大

スサからアナトリアのサルデスまでの2500km間に111の駅が置かれるなど道路網が整備された。

アッシリアは軍事力だけでなく、**地の利をいかした中継貿易でも栄えた**。しかし、強圧的な支配が反発を招き、前612年に4つに分裂した。その後、オリエントを支配したのがアケメネス朝ペルシアだ。**中央集権体制を作り上げる一方、支配下の諸民族の宗教や文化を活用し、活発な通商活動を行った。**

03 古代ギリシアの「ポリス」は民主政治の源流となった

都市国家「ポリス」の繁栄が多彩な文化を開花させ、
貴族の独占的な政治への不満が民主政治を発展させた。

前8世紀頃、ギリシア人は**都市国家「ポリス」**を作りはじめる。ポリスは城壁で囲まれ、内側にあるアクロポリス（丘）には神殿が建てられ、**アゴラ（広場）は市民による政治討論や催しでにぎわいを見せた**。貴族と平民の身分格差はあったが、クレーロス（農耕のための占有地）は保障された。こうしたポリス社会のもと、哲学や文学、美術、建築など、後のヨーロッパ文化の源流となる多彩な文化が築かれていった。

ポリスはこうなっている

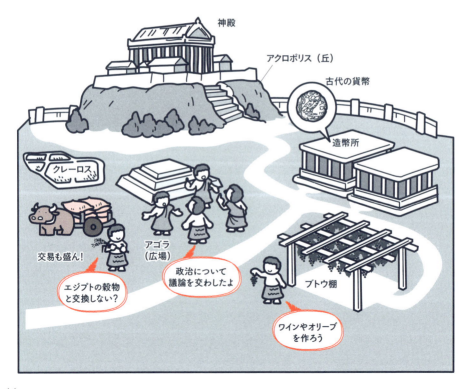

アテネに民主政が成立するまで

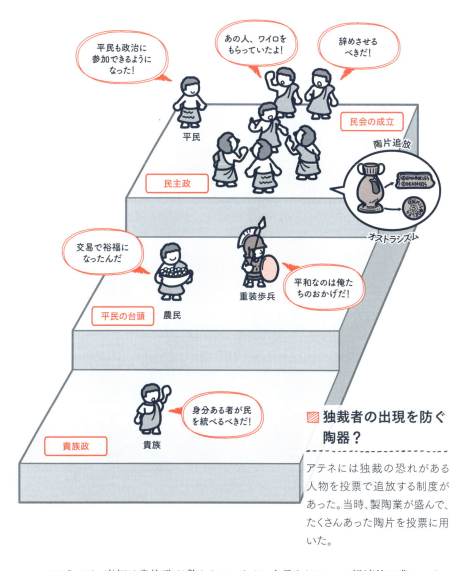

独裁者の出現を防ぐ陶器？

アテネには独裁の恐れがある人物を投票で追放する制度があった。当時、製陶業が盛んで、たくさんあった陶片を投票に用いた。

アテネでは、当初は貴族政が敷かれていたが、交易などによって経済的に豊かになった平民たちの発言力が強くなり、**民主政治が発展**。**最高決議機関の民会**では、役職は抽選で決められたが、将軍は選挙で選出され、役職者には手当（貨幣や食料）も与えられた。なお、民主政治といっても、女性や外国人、奴隷は参加できなかった。

04 ペロポネソス戦争はなぜおこったの？

強大化するアテネと、それを警戒したスパルタ。対立は深刻化し、諸ポリスは二つの陣営に分かれ衝突した。

東方の大国アケメネス朝ペルシアの侵攻に端を発したペルシア戦争では、アテネを中心にギリシア諸ポリスが団結。ペルシアの大軍を退けた。アテネの民主政治は最盛期を迎えるが、前5世紀後半、ギリシア世界の主導権を巡り、**アテネ率いるデロス同盟とスパルタ率いるペロポネソス同盟との対立が深刻化**。ペロポネソス戦争（前431～前404年）がはじまった。**報復を狙ったペルシアはスパルタを支援して対立をあおった。**

アテネとスパルタの争い

ギリシアを二分したペロポネソス戦争は、ペルシアの援助を受けたスパルタ側の勝利に終わった。しかし、諸ポリス間の争いは絶えず、内部においても**デマゴーゴス（扇動政治家）**の出現により民主政治は形骸化。また、**傭兵の使用**により市民が同時に戦士であるという本来のあり方が変質するなど、ポリス全体が弱体化していった。

01 古代文明の世界

デマの語源

「デマゴギー（demagogy）」の略。古代ギリシアの扇動政治家「デマゴーゴス」に由来している。

スパルタ教育ってスパルタのこと？

スパルタでは、子どもは7歳から共同生活を送り、12歳から成人になるまで本格的な軍事訓練を行っていた。

05 インドまで遠征した英雄アレクサンドロス大王

ポリス同士の抗争で弱体化したギリシアに対し、北方から勢力をのばしてきたのが新興国家マケドニアだ。

マケドニア王のフィリッポス2世は、ギリシアを制圧するも、後に暗殺される。跡を継いだ息子・**アレクサンドロス大王**は、東方に新たなポリスを建設することでギリシア世界の再興を目指し、アケメネス朝ペルシアの征服に着手。前333年のイッソスの戦いではアケメネス朝を破り、前331年のアルベラの戦いで滅亡させた。その後も続く東方遠征は、**ギリシアとオリエントを融合したヘレニズム文化**を生み出した。

アレクサンドロス大王の東征

アレクサンドロス大王は、拡大した領土の統治政策として**民族融和を推進**。マケドニア人とペルシア人の女性による合同結婚式も行い、大王自らアケメネス朝の王家とつながる女性を妻として迎えている。**大王の遠征はインダス川にまでいたった**がインド征服は果たせず、帰還後に熱病に倒れ、33歳の若さで急死した。

01 古代文明の世界

戦う男の名言

「私は一頭の羊に率いられたライオンの群れを恐れない。しかし一頭のライオンに率いられた羊の群れを恐れる」。これは戦闘におけるリーダーの重要性を説いた名言。ナポレオンも引用した。

日本の仏像美術 ルーツはヘレニズム

日本の飛鳥(あすか)・天平(てんぴょう)時代の仏像彫刻には、ガンダーラ美術をなかだちとしたヘレニズム文化の美術の影響が見られる。

もうギリシアに帰りたいよ〜

アレクサンドロス大王軍

カスピ海

③前331年 アルベラの戦い
アケメネス朝ペルシアを滅ぼす。

ピクニック気分で出かけたら青二才に負けてしまった!

ダレイオス3世
(アケメネス朝ペルシア)

ペルシア文明もなかなかのもんだな〜

④前326年 インダス川 まで征服
アレクサンドロス大王はさらに進軍したかったが、インドの大軍と象を前にして遠征を断念。

バビロン
スサ

アケメネス朝ペルシア領

ペルシア海

アラビア海

⑤前323年 33歳で死去
バビロンからアラビア遠征をしようとした矢先、高熱で倒れた。

21

06 古代ローマ帝国の繁栄 "パクス・ロマーナ"

イタリア半島の都市国家であったローマは、軍事力で領土を拡大。交易でも栄え、市民は平和を謳歌した。

ローマの起源は前753年、イタリア半島に建設されたラテン人の都市国家建国にさかのぼる。はじめは王政だったが、**前509年に共和政に転換**。軍事技術に秀でていたローマは地中海各地に領土を拡大していく。戦争や内乱の末、前27年にオクタウィアヌスが元老院から「アウグストゥス（尊厳のある者）」の称号を授与され、実質的な初代皇帝となり、**帝政へと移行**。五賢帝の一人トラヤヌス帝時代に帝国の版図は最大となった。

ローマ帝国の最大判図と交易

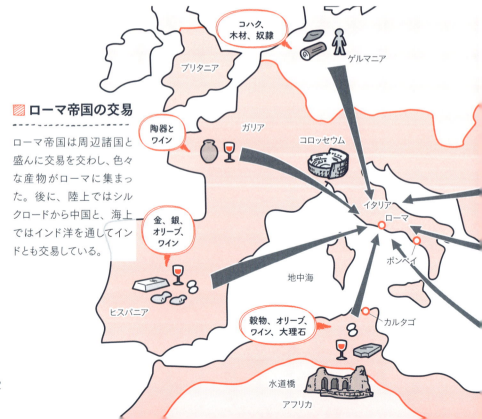

ローマ帝国の交易

ローマ帝国は周辺諸国と盛んに交易を交わし、色々な産物がローマに集まった。後に、陸上ではシルクロードから中国と、海上ではインド洋を通してインドとも交易している。

オクタウィアヌスの即位から五賢帝時代までの約200年間は、平和が続き、交易が盛んになるなど経済も活発化した。この時代は**「パクス・ロマーナ（ローマの平和）」**と呼ばれ、市民は繁栄を享受した。土木・建築などの文化も発展し、コロッセウムやパンテオン、水道橋、公衆浴場など豪華な建築物の遺跡は今も残っている。

01 古代文明の世界

ローマの名の由来となった兄

伝説に残る双子の兄弟・ロムルスとレムス。トロヤの英雄アエネアスの子孫で、ローマの建国者とされている（建国神話）。

オクタウィアヌス

カエサルの養子でローマ帝国の初代皇帝「アウグストゥス」となる。プトレマイオス朝エジプトを滅ぼし、地中海を支配した。

テルマエ

テルマエは、古代ローマの公衆浴場のこと。入浴だけでなく、飲食や運動、商売などができる場所でもあった。

07 「賽は投げられた」と賭けに挑んだ英雄カエサル

地中海から西ヨーロッパまで広大な領域を支配した古代ローマ。その陰には、カエサルという名の英雄の存在があった。

「パクス・ロマーナ」という繁栄を迎えた古代ローマ帝国だが、その陰には一人の英雄がいた。共和政のもと、ローマが領土を拡大すべく戦い続けていた前2〜前1世紀、国内では貧富の差が原因となって内乱が勃発。そんな混乱の中から台頭してきたのが**ユリウス・カエサル**だった。軍事的な才能に恵まれたカエサルは、ガリア（現在のフランス、ベルギー、スイスあたり）遠征を成し遂げて、やがて**独裁権を手にする**。

ローマ共和政のしくみ

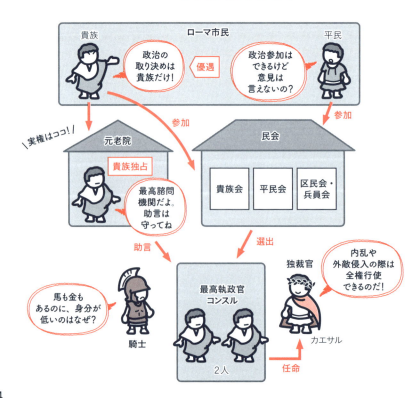

カエサルの生涯

クレオパトラとの恋

カエサルが政敵を追ってエジプトを訪れた際にクレオパトラと出会い、カエサルはたちまち恋に落ちたという。

カエサルの栄光は続かず、共和派に暗殺されてしまう。しかし、彼の**養子オクタウィアヌス**が共和政の伝統を引き継ぎつつ、権限は自分に集中させるという**帝政を開始**し、初代皇帝となる。広大な領域を支配したローマが「パクス・ロマーナ」を迎えるためには、カエサルというターニングポイントが必要だったのだ。

このあたりのイタリア

08 隆盛をきわめたローマ帝国はなぜ衰退したのか?

ローマ帝国の栄華は続かなかった。キリスト教の浸透やゲルマン人の大移動を経て、ローマ帝国は東西に分裂する。

五賢帝最後の皇帝マルクス・アウレリウス・アントニヌス治世の後、ローマ帝国は徐々に衰退の道をたどる。**傭兵制度により力を持つようになった軍人**が、帝位を争う混乱の時代に突入。284年に即位した**ディオクレティアヌス帝は専制君主政を確立**し、帝国の再建を試みた。また、大土地経営がラティフンディアからコロナトゥスに変換したため、都市経済が衰退したことも一因といえる。

ローマ帝国が滅亡するまで

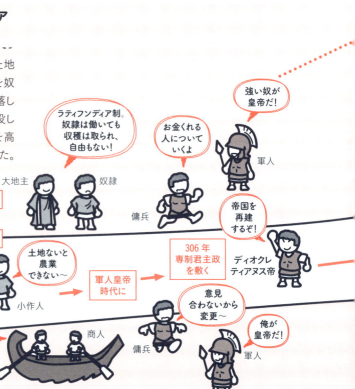

ラティフンディアとコロナトゥス

どちらも富裕層による大土地経営。前者は被征服民を奴隷として使い、後者は没落した農民を小作人として使役した。地主は経済的自立を高め、都市は機能しなくなった。

ローマ帝国滅亡の決定打は**ゲルマン人の侵入**だ。紀元前後から両者の接触ははじまっていたようだが、375年のアジア系遊牧民フン族の進撃を契機に、ゲルマン人は民族大移動を実行し帝国内に侵入。**395年、東西に分裂**。東は東ローマ帝国として約1000年続くが、西の西ローマ帝国は5世紀に、3つのゲルマン人国家へと転換していく。

01
古代文明の世界

▨ ゲルマン人

元はヨーロッパの北部からバルト海沿岸で牧畜と農耕を営んでいた部族。長身、ブロンド、碧眼（へきがん）などの身体的特徴を持つ。

▨ 軍人皇帝時代

235～284年間に、26人もの皇帝が擁立されては代わるという混乱の時代。各地で軍事力を背景にした実力者が皇帝を名乗った。

▨ ローマ帝国の東西分裂

4世紀末、テオドシウス帝は死に際して、ローマ帝国の東方を長男に西方を次男に分割統治させた。以後、再び統一はされなかった。

東ローマ帝国を
引き継ぐぞ！

ビザンツ帝国へ

東ローマ帝国

ユスティニアヌス帝
（位527～565年）

もう無理！
二人の息子に
領土を分ける！

395年
東西分裂

西ローマ帝国は
俺が引き継ぐ

テオドシウス帝

カール大帝
（位768～814年）

フランク王国へ

カエサルの
仕返しだ！

侵入

西ローマ帝国

ゲルマン人

27

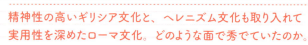

09 西洋文明の礎を作った ギリシアとローマの文化

精神性の高いギリシア文化と、ヘレニズム文化も取り入れて実用性を深めたローマ文化。どのような面で秀でていたのか。

ギリシアの古典文化は**哲学、美術、文学、歴史**の分野で優れていた。それは市民が政治的・社会的に**自由**を謳歌できたからこそ生まれたものである。ヘロドトスらの歴史学、アリストファネスらの喜劇・悲劇など、現代文明にまで大きな影響をおよぼしている。民主政が発展したため、弁論術や政治の術を教えるソフィストと呼ばれる知識人が出現。やがてソクラテスを筆頭に人間の理性を考察する、哲学の思想が花開いた。

ギリシア文化といえば文化

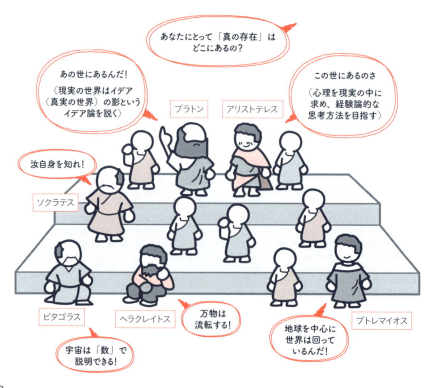

ローマ文化といえば建築

実はラテン語?

古代ローマの共通語はラテン語だが、現在はほぼ使われない。だが、星座の名前や化学の元素記号、フランス語などはラテン語を起源とするため、ヨーロッパの学校では一部、必修科目にしているところもある。

ローマ人は吐くために食べた

ローマには属州（ローマの支配地）から食料が運ばれ、無料で提供された。市民は食べては吐き、食事を続けたという。

一方、ローマ人は**合理的で実用性に優れた文化を多く残した**。土木・建築、法律、暦といった分野だ。中でも**ローマ法**は、ヨーロッパ各国だけではなく、近代日本も参考にしたほどのもの。また、アーチの技術を駆使した建築技術が発展し、競技場や水道橋、帝国と各地をつなぐ街道など**都市開発が進んだ**。

fashion check
— ファッション チェック —

ローマ市民　ローマ軍人

トガの着用方法

①人の身長の倍くらいの長さの布を半分に折る。

②布の端を左の肩にかける。

③もう一つの端を右の脇から左の肩に戻して、もう一度右の腰に回して引っかければ完成。

トガ
布を右の脇下から左肩に斜めに巻き付けた衣装で、巻き付けに様々な工夫を施すことで独自のスタイルを創り上げた。

ローマ市民

大ローマ帝国の栄光のシンボルとして市民に着用されていたのが、トガと呼ばれるドレーパリー（巻き衣装）である。トガを着用できるのは男性のみで、身分により色や巻き方、飾りなどがはっきり分かれていた。女性も初期にはトガを着たが、後にストラと呼ばれる正装を着るようになった。

ガレア
帝政期には横向きの黒馬の飾りを付けた兜をかぶった。階級で色が異なる。

ローリーカ・ハマタ
鎖帷子である。組立式の鎧もあるが、パレラエ（勲章）が付けやすいので士官はこちらを好んだ。

グラディウス
士官は頑丈な剣であるグラディウスを左の腰に下げたが、兵士は盾や投げ槍を持っていたので右の肩にかけた。

トゥニカ
丈の短いワンピースで、ローマ時代の男性の日常着だった。後のチュニックの語源かつワイシャツの先祖。

ローマ軍人

ローマ軍人の一般的な衣装が上図のものだ。トゥニカという下着の上にローリーカ・ハマタという鎖帷子とプテルゲスという皮革製のジャケットを着け、グラディウスという剣を左の腰に下げた。右の腰には護身用の短剣、プーギオを下げる。兜やマントの色で将校の階級を示したといわれる。

10 苦難と抵抗の中で生まれたキリスト教

今や世界宗教のキリスト教。迫害を受けつつもローマ帝国の国教となり、後々の歴史をゆり動かしていく。

イエスは前4年頃、パレスティナに生まれた。イエスの教えを受け入れたのは「ローマの平和」の陰で犠牲となっていた**ヘブライ人**だった。イエスはユダヤ教を批判し、**身分や貧富を超えておよぶ神の愛を説き**、救世主と崇められるようになる。危機感を抱いたローマ総督によって処刑されてしまうが、キリスト教の歴史がはじまったのはむしろイエスの死後だった。パウロらの布教活動によってキリスト教は拡大する。

キリスト教の伝播

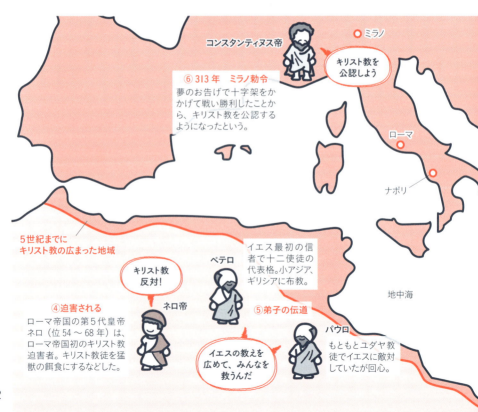

多神教だったローマ帝国にも一神教のキリスト教は急速に浸透。皇帝は何度も大迫害を行うが、信者は増える一方だった。上流階級にも信者が現われ出したため、313年、コンスタンティヌス大帝は弾圧しないほうが無難と考え**公認令を出す**。**392年には国教にも定められ**、他の宗教が禁止されるまでにいたった。

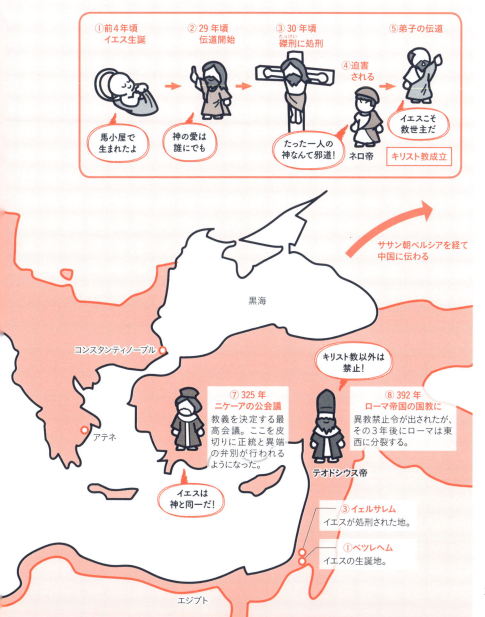

BC 3000　BC 500　　　このあたりのエジプト

11 死後のよみがえりを求めた古代エジプト文明

2500年もの長きにわたって繁栄を続けた
エジプトの古代文明。その秘密に迫る。

広大な砂漠に囲まれたナイル川沿いの一帯には、**「ナイルのたまもの」**と呼ばれる**肥沃な大地**が広がる。紀元前3000年、メソポタミアでシュメール人による国家が成立した頃、古代エジプトでも同地で文明が繁栄していた。紀元前30世紀頃には、統一国家である古代エジプト王国が誕生。ファラオ（王）のもと、神官が民衆を支配した。その後、中王国時代、新王国時代を経て、前6世紀頃まで26王朝も続いた。

ナイルのたまもの＝ナイル川からの贈り物

34

冥界への案内と魂の再生まで

古代エジプト文明では、**人は死後、復活する**と信じられ、そのために**ミイラやピラミッド、死者の書**といった文化が生まれた。隆盛をきわめた古代エジプト国家も、前6世紀頃にはアケメネス朝ペルシア、前3世紀にはプトレマイオス朝に。その後、ローマ帝国の支配を経て、7世紀にはイスラーム圏に飲み込まれていく。

column NO.01

クレオパトラは 美女 ではない？

クレオパトラのモテ理由に迫る

「世界3大美人」に称えられる古代エジプトの女王・クレオパトラ。ローマのカエサルという英雄を味方につけ、巧みに政治を操った。かの英雄を魅了したのだから、きっと美女に違いないと思うところだが、さほど美形だったわけではないらしい。当時の歴史家プルタルコスも、**並外れた美しさではない**と記している。

では、クレオパトラの魅力はどこにあったのか？ 先のプルタルコスはクレオパトラの「声の響きは、聞いているだけで喜びだった」と語っている。小鳥のような声だったらしい。そして、非常に**「聞き上手」な女性**だった。男は皆、彼女の前ではつい本音まで語ってしまうほどだったという。会話力の高さは語学力にも現われている。**7言語を自在に操ることができた**そうだ。科学や音楽にも通じていた。

クレオパトラのモテ理由。それは外見ではなく、内面の美しさにあったといえるだろう。

Chapter 02

『アジア世界の形成』

中国やインドでも川を中心に文明がおこった。様々な民族が世界史を横断し、宗教や政治、文化なども大いに発展。東西の交易も盛んになったんだよ

section

01 占いで人々を支配した古代中国の黄河文明

02 誰が築き上げたのか？ 謎だらけのインダス文明

03 はじめて中国を統一した始皇帝は名君？ 暴君？

04 創始者のいない宗教ヒンドゥー教の誕生

05 発祥地インドには浸透しなかった仏教

06 中国で誕生した大帝国・唐の繁栄と衰退

07 科挙は「超」競争率の高いお受験だった!?

08 世界を傘下に置いた？ モンゴル帝国チンギス・ハン

09 東西の人とモノを結んだ3つの道

このあたりの中国

BC 3000 — BC 500 — 0 — 500 — 1000 — 1200 — 1400 — 1600 — 1700 — 1800 — 1900 — 1950 — 2000

01 占いで人々を支配した古代中国の黄河文明

世界に誇る大河「黄河」の周辺で文明が生まれた。
今につながる中華文明はここからはじまったのだ。

黄河沿いで中国の古代文明が生まれた。黄河文明は**紀元前5000年頃の仰韶文化と、紀元前2800年頃の竜山文化に大別される**。雑穀を中心とした農耕や牧畜を行い、赤などの顔料で模様を描いた土器（彩陶）を使っていた。これらの文化が殷王朝へとつながっていった。なお、殷より古く、これまで伝説上の存在と考えられていた夏王朝だが、近年の研究では実在の可能性を唱える論もある。

古代中国の3つの文化

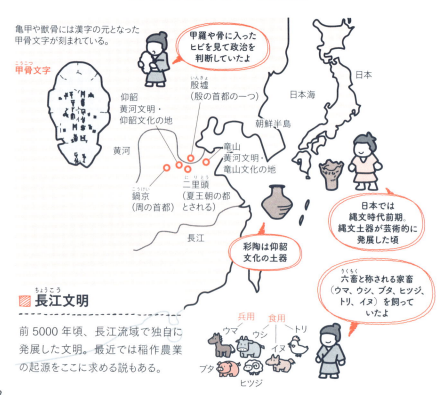

長江文明

前5000年頃、長江流域で独自に発展した文明。最近では稲作農業の起源をここに求める説もある。

古代中国といえば青銅器

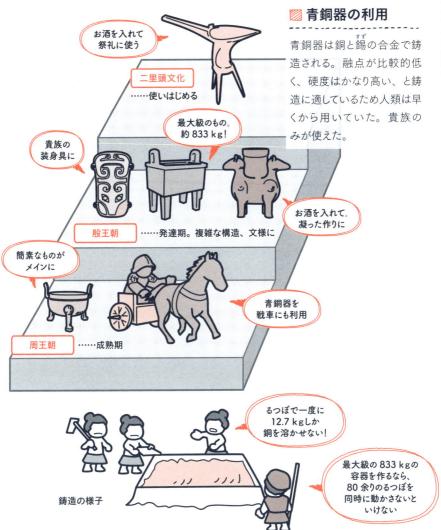

紀元前17世紀頃、中国において実在が明らかな最古の王朝の殷が誕生する。黄河沿いに点在していた「邑」という集落をまとめた王朝で、亀の甲羅などを使った占いで人々を統率した。**漢字の元となる甲骨文字や青銅器の文化も生み出して栄えた殷**だが、第30代の紂王が周の武王に滅ぼされてしまう。

02 誰が築き上げたのか？謎だらけのインダス文明

インドの歴史はインダス川流域で発展した古典文明にはじまる。やがてガンジス川流域がインド史の舞台となる。

インダス川流域におこった文明は現在、二つの遺跡が有名である。**青銅器を使い、焼きレンガによる都市計画がなされた**とされているが、文字が解読されていないため、文明を支えた民族はおろか、衰退した原因についても詳しいことは判明していない。**優れた下水設備を持ち、農業や牧畜を行っていた**ようだ。とりわけ**木綿**が普及しており、ペルシア湾を介してメソポタミア文明とも交易をしていたとされる。

インダス文明の暮らし

現代まで残るカースト制の誕生

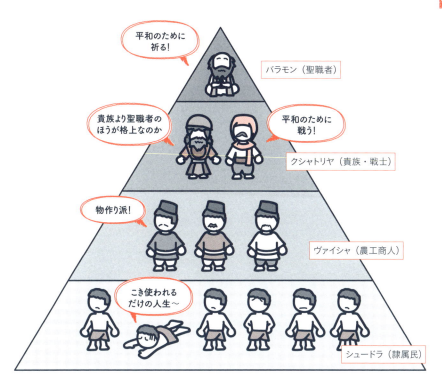

現代のカースト問題

1950年にインド憲法でカースト制度による差別は禁止されたが、インドからカースト制度をなくすのは難しいとされる。階級の固定化はほぼ消滅したものの、階級間の争いはまだ課題のようだ。

シュードラの下にもいる？

このカーストに属さない人々は「パリヤ（不可触民）」と呼ばれる。シュードラよりも下位に見なされ差別される。カースト同様、憲法で禁止されているが、差別視されている人は今もいる。

インダス文明が衰退した前1500年頃、中央アジア方面から**アーリヤ人が移動を開始**。前1000年頃には先住民との融合を進めながら、ガンジス川流域に進出し農業社会を成立させた。現在のインドでも根強く残る身分制度、**カーストのおこりであるヴァルナ（種姓）制度が確立したのは**、この頃である。

03 はじめて中国を統一した始皇帝は名君？ 暴君？

歴史上はじめて中国を統一した始皇帝の秦王朝。だが、わずか15年で秦は滅びてしまう。その理由とは？

周も衰退し、様々な国が争う春秋時代、そして戦国の七雄が割拠する戦国時代が続いた。この中で勢力をのばして**紀元前221年**に、**史上初で中国を統一したのが秦の始皇帝**だ。中央から役人を派遣する**群県制で中央集権体制を徹底**。また、文字、通貨、暦、車軸の幅、長さ・容積・重さの単位を統一して国の体制を整えた。その一方で**焚書坑儒**という言論弾圧を行い、税と労役で民を厳しく支配した。

秦による初の中国統一

■ 皇帝という称号

伝説上の8人の帝王「三皇五帝」より自分は貴いと考えた秦の王（始皇帝）は皇と帝を組み合わせた称号「皇帝」を名乗った。

たった15年で滅びる!?

始皇帝は晩年、死ぬことを恐れ、不老不死の薬を探させた後、紀元前210年に病気で死亡した。始皇帝の死の翌年に**陳勝・呉広の乱が勃発**。貧農出身の陳勝は「**王侯将相いずくんぞ種あらんや**」と扇動した。王などになるのに家柄（種）は関係ないという意味だが、結局、民衆の支持を得られず反乱は失敗した。

04 創始者のいない宗教 ヒンドゥー教の誕生

現代のインド総人口の80％以上の人たちが信仰している
ヒンドゥー教はどのように生まれたのか？

現代のインドやネパールで多くの人々から信仰されているヒンドゥー教。そもそも、古代インドでは**紀元前10世紀頃に成立したバラモン教**が信じられていた。自然を神格化したアーリヤ人の原始宗教から生まれたバラモン教だったが、4世紀前半のグプタ朝の頃には仏教やジャイナ教が登場したことで弱体化。影響力を失ったバラモン教が仏教や民間信仰を取り込んで変貌して生まれたのが**ヒンドゥー教**なのだ。

ヒンドゥー教の成立

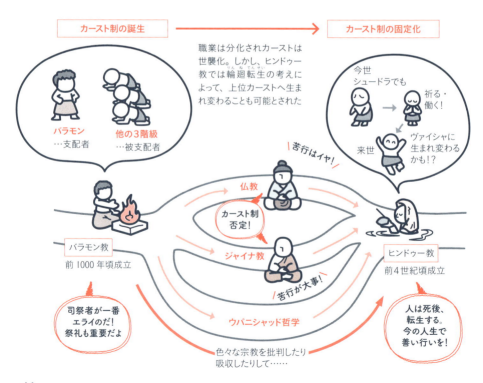

ヒンドゥー教は多神教

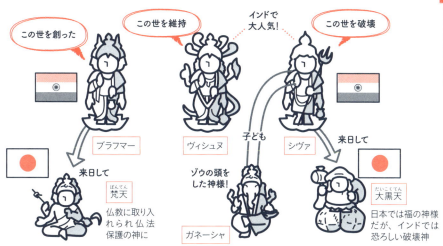

3つの宗教が共存？

インドのムンバイの郊外にあるエローラ石窟群には、仏教、ヒンドゥー教、ジャイナ教の寺院が並んでいる。

ヒンドゥー教は日本の神道に近い？

日本の土着信仰である神道は「八百万の神々」というように、ヒンドゥー教同様、多神教だ。また、開祖や特定の経典がない点も共通している。

ヒンドゥー教の特徴の一つは、**輪廻（生まれ変わりの連鎖）からの解脱を説いている**ところにある。また、聖職者を上位とするバラモン教で生まれた階級制度が、後に**職業を分化・世襲化したカースト制度として確立**して、現代に続くまで根強く定着するなど、インド社会に様々な面で影響を与え続けている。

このあたりのインド、中国、東南アジア、日本

05 発祥地インドには浸透しなかった仏教

現代の日本でも信仰されている仏教は、誕生の地であるインドからどのようにアジアに広がっていったのか？

北インドの小さな部族・シャカ族の王子だったガウタマ・シッダールタによって、**紀元前5世紀頃に仏教が誕生**。シッダールタはバラモン教の身分制度を否定して、修行での解脱を説いた。シッダールタのもとに弟子が集まり、ゆるやかな教団が形作られていたが、シッダールタの死後に教団が考えの違いから分裂。これを部派仏教と呼ぶ。ここから**自身の修行を重視する上座部仏教**と、**民衆の救済を重視する大乗仏教**が生まれた。

仏教の伝播

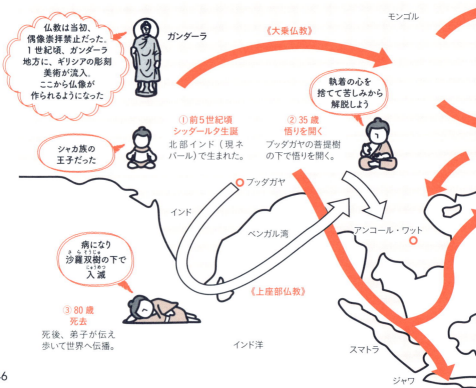

シッダールタの死後も彼の弟子たちは活動を続け、紀元前3世紀頃のマウリヤ朝の**第3代アショーカ王は仏教に帰依し**、その教えを政治理念とした。だが、結局、仏教はヒンドゥー教に吸収されてインドでは根付かなかった。一方、日本、中国、東南アジア諸国へと伝播し、**アジアの各国で信仰され続けている。**

02 アジア世界の形成

06 中国で誕生した大帝国・唐の繁栄と衰退

中国のみならず周辺国にも影響した一大帝国の唐。
アジア諸国は唐と主従関係を結ばされたのだった。

581年に建国された隋だったが、第2代皇帝の煬帝の治世には全土で反乱がおき、617年に煬帝のいとこの李淵が挙兵。翌年に隋は滅亡し、李淵は唐を建国した。唐の第2代皇帝の太宗はモンゴル高原の遊牧国家の突厥やチベットの吐蕃を抑え、第3代皇帝の高宗は朝鮮半島の新羅と組んで高句麗を倒した他、中央アジアにも進出して勢力を拡大した。**第6代皇帝の玄宗の治世には都の長安は国際都市となった。**

両税法で農民を支配

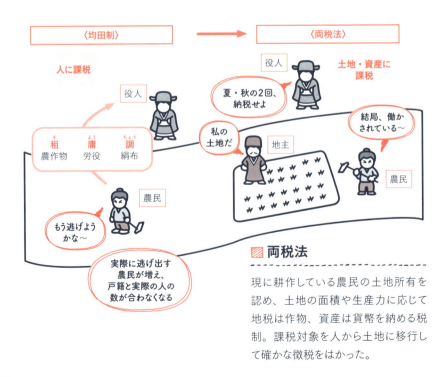

中央アジアまで進出

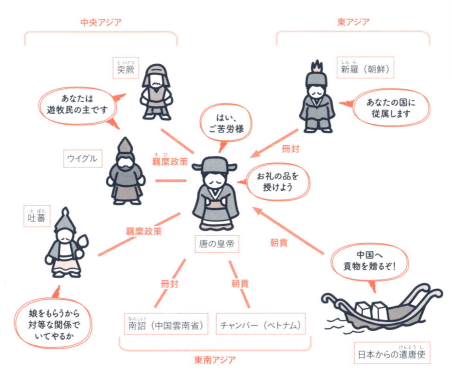

羈縻政策

遊牧民に対する統治政策。王から派遣した役人のもとに現地の首長らを置き、実際の統治は任せるという関係。

冊封

中国の君主と中国に従属する周辺国の長が君臣関係を結ぶこと。背景には中国が世界の中心という中華思想がある。

朝貢

従属を示すための貢ぎ物を中国に捧げること。周辺国は中国に使節を派遣して貢ぎ物を献上した。

唐の統治は**律令に基づく中央集権的**なもので、国家が民に田を給付して後に返却させる均田制などが行われた。だが、玄宗の治世におきた安史の乱で財政が破綻。財政を立てなおすための改革案に反対する塩の密売商人達の乱もおき、その中でも最大の黄巣の乱にも参加した朱全忠によって**907年に唐は滅ぼされた**。

科挙は「超」競争率の高いお受験だった!?

07

中国王朝ではエリート役人の扉は多くの人に開かれていた
……超難関の試験に合格さえできれば!

役人になるための試験、科挙。ほぼすべての男性が受けることができる平等な制度だった。はじまったのは隋の時代だが、官吏登用の主な手段となったのは宋の時代になってからのことだ。宋の建国者の趙匡胤は官職から軍人を排除して、皇帝に忠誠を誓った者を官僚にするため、科挙を改革。「殿試」という最終試験は何と皇帝が出題した。ただし、皇帝が直接というのは建前で、実際には大臣が試験官を務めたという。

誰でも受けられるけれども……

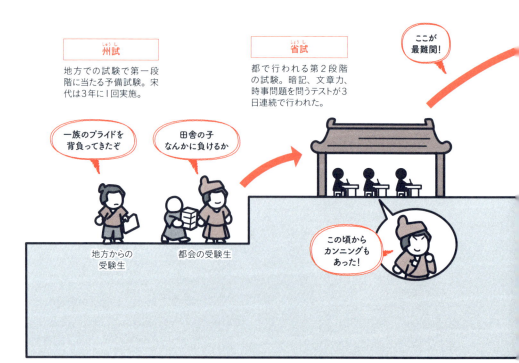

科挙は競争の激しい試験だったことでも知られる。合格率は低く、一生を科挙のために費やす者もいた。**唐の有名な詩人の杜甫も、科挙に何回も落ちている。**科挙は清朝に入っても行われていたが、実務的な知識ではなく儒学経典について問う科挙は時代に合わなくなり、**1905年に廃止された。**

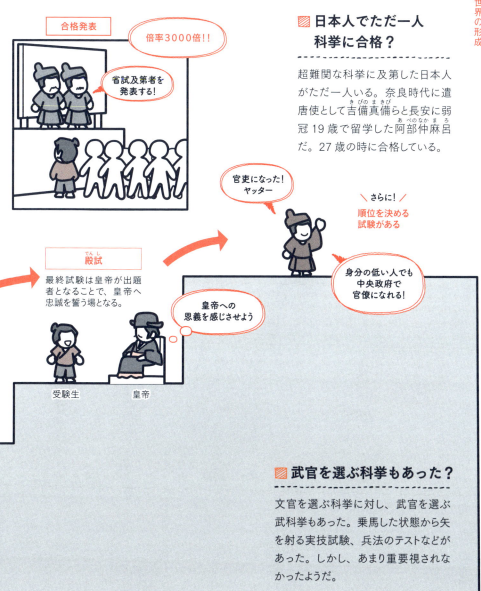

日本人でただ一人科挙に合格？

超難関な科挙に及第した日本人がただ一人いる。奈良時代に遣唐使として吉備真備らと長安に弱冠19歳で留学した阿部仲麻呂だ。27歳の時に合格している。

武官を選ぶ科挙もあった？

文官を選ぶ科挙に対し、武官を選ぶ武科挙もあった。乗馬した状態から矢を射る実技試験、兵法のテストなどがあった。しかし、あまり重要視されなかったようだ。

fashion check

― ファッション チェック ―

唐の女性　清の女性

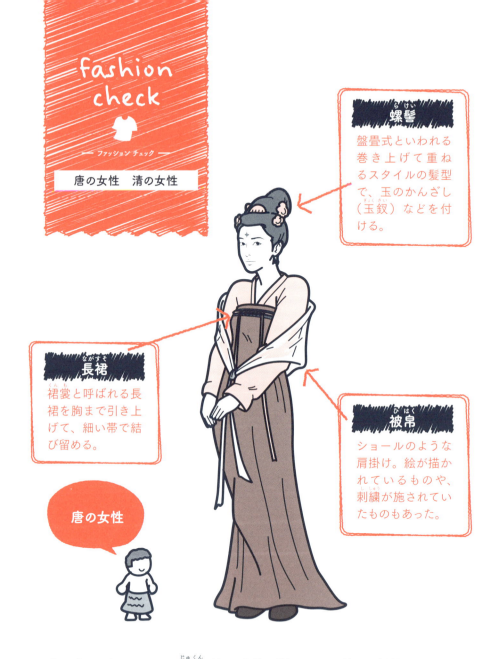

螺髻（らけい）
盤畳式といわれる巻き上げて重ねるスタイルの髪型で、玉のかんざし（玉釵）などを付ける。

長裙（ながすそ）
裙裳と呼ばれる長裙を胸まで引き上げて、細い帯で結び留める。

被帛（ひはく）
ショールのような肩掛け。絵が描かれているものや、刺繍が施されていたものもあった。

唐の女性

唐の時代は礼服以外では襦裙（短い上着と裳）という服装が一般的であった。上図の唐の女官は袖の長い直領衫の上着に長裙の裙裳を身に着け、薄い布でできた肩掛け、被帛を羽織る。この時代の靴は舃、履と呼ばれる爪先が高い「鼻高履」で、底が高いものを舃と言い、低いものを履と言う。

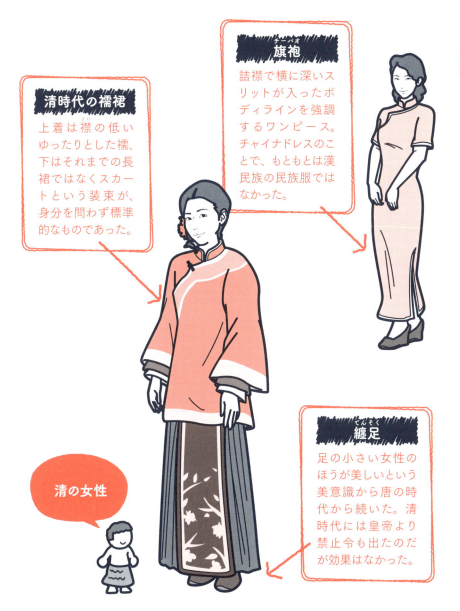

清時代の女性の衣装は、二つの系統に分かれ、一つは上図のような江南の漢民族が着用した上着とスカートのツーピース型の襦裙。もう一つが満州の貴族である旗人（きじん）が着用していたワンピース型の「袍」である。この後、この2系統は互いに影響し合いチャイナドレスへと変遷してゆく。

このあたりの中国

08 世界を傘下に置いた？モンゴル帝国チンギス・ハン

チンギス・ハンが作り上げたモンゴル帝国は強烈な武力で各国を侵略しながらユーラシア大陸を駆け巡った。

モンゴルの全部族を統一し、1206年にはクリルタイという部族会議でモンゴルの皇帝に選ばれたチンギス・ハン（「ハン」は王という意味）。**強力な騎馬兵を率いて、分裂して強大な国がなかったアジアの各地を征服した。**中央アジアのトルコ人のホラズム国も倒し、南ロシアや黄河上流域を支配していた西夏も制圧。チンギス・ハンの力によって、モンゴルが世界最大の帝国となる基礎が作られたのだ。

モンゴル帝国の支配

1241年 ワールシュタットの戦い
バトゥ率いるモンゴル帝国軍がポーランドに侵入し、ポーランド・ドイツ連合軍に勝利。ヨーロッパ諸国は和睦をなそうと使節を派遣した。

なぜヨーロッパを征服しなかった？
チンギス・ハンの孫のバトゥはロシア、ハンガリーと進軍したが、第2代皇帝が死んだという急報を聞き、帰国した。

機動力バツグン！

強さの秘訣①
1日に700kmも走れる軽装備の騎馬隊。

チンギス・ハンの侵攻

ナイマン
チベット
ホラズム国
パガン朝
アッバース朝

マルコ・ポーロ
イタリア・ヴェネツィア生まれの商人で、陸路で元のフビライ・ハンに謁見。その後、仕えた。

元という国について『東方見聞録』にまとめてみた。日本のことも紹介するよ

チンギス・ハンの死後もモンゴルは世界への侵攻を続けた。**国号を元と改めた第5代皇帝フビライ・ハンは南宋を滅ぼして中国全土を制圧**。さらに、高麗、ビルマ、ベトナム、日本なども侵略した。だが、日本への2度の侵攻、元寇（**文永の役、弘安の役**）は失敗し、ベトナムからも食糧不足などで退却している。

02 アジア世界の形成

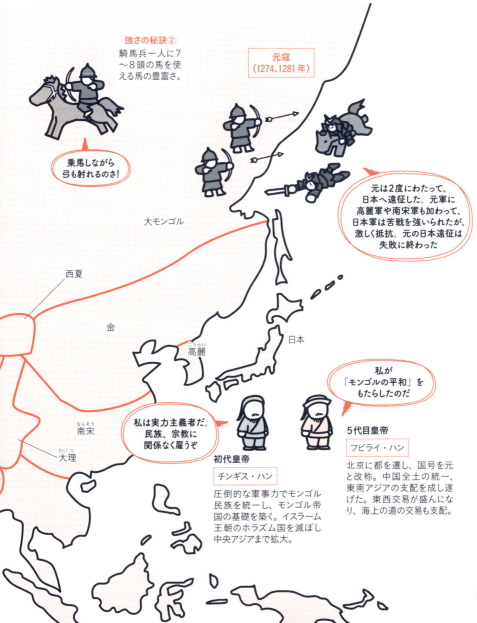

このあたりの地中海沿岸から中国まで

09 東西の人とモノを結んだ3つの道

東と西の人々が行き来したシルクロード（オアシスの道）。東西を結ぶルートは陸路だけではなく海路もあり、日本にも影響した。

唐の時代、唐王朝と中央アジアで強大な力を誇っていたアッバース朝を結んだ交易路がオアシスの道だ。**東から西へは絹織物、陶磁器、茶などが運ばれ、西から東へは金銀、ガラス製品、絨毯などが運ばれた。** オアシスの道の開通は、漢の武帝が同盟を結ぶため中央アジアの大月氏国に使者を派遣したのがきっかけといわれている。**モンゴル帝国の時代も自由な交易が認められたため、盛んに東西を行き来した。**

東西交易の3つの道

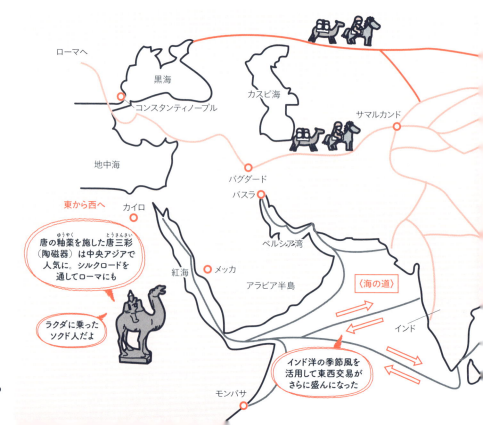

東から西へ

唐の釉薬を施した唐三彩（陶磁器）は中央アジアで人気に。シルクロードを通してローマにも

ラクダに乗ったソグド人だよ

インド洋の季節風を活用して東西交易がさらに盛んになった

56

東西交易はゴビ砂漠より北のモンゴルの草原を通る「**草原の道**」、中国の洛陽からイタリアのローマまでつながる「**オアシスの道**」、アラビア半島と中国を船でつなぐ「**海の道**」の3つが使われた。そして日本の正倉院にも、当時いかに東西の交流が盛んであったかを物語る、様々なモノが伝わっている。

02 アジア世界の形成

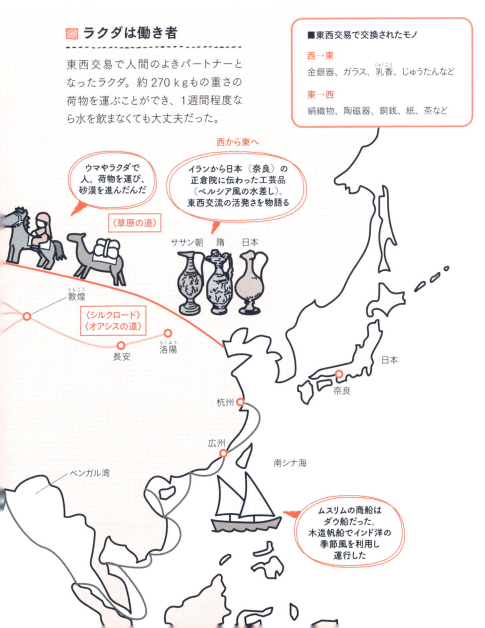

ラクダは働き者

東西交易で人間のよきパートナーとなったラクダ。約270kgもの重さの荷物を運ぶことができ、1週間程度なら水を飲まなくても大丈夫だった。

■東西交易で交換されたモノ

西→東
金銀器、ガラス、乳香、じゅうたんなど

東→西
絹織物、陶磁器、銅銭、紙、茶など

西から東へ

ウマやラクダで人、荷物を運び、砂漠を進んだんだ

イランから日本（奈良）の正倉院に伝わった工芸品（ペルシア風の水差し）。東西交流の活発さを物語る

ササン朝　隋　日本

〈草原の道〉

敦煌

〈シルクロード〉〈オアシスの道〉

長安　洛陽

日本

奈良

杭州

広州

南シナ海

ベンガル湾

ムスリムの商船はダウ船だった。木造帆船でインド洋の季節風を利用し運行した

column NO.02

琉球王国（りゅうきゅう）は
日本でも中国でもない国？

アジアの十字路にある琉球という独立国家

　琉球王国とは1429〜1879年まで、今の沖縄本島とその周辺の島々に存在した王国だ。14世紀まで分裂していた琉球を尚巴志王（しょうはし）が一つにまとめ、はじまった（第一尚氏王朝）。それまで中国への朝貢が行われていたが、日本や朝鮮半島、ジャワなどとの交易も積極的に進めるようになった。

　1469年からの第二尚氏王朝時代には、中央集権国家が成立し領土も拡大。しかし、1609年、徳川家康の許可を得た薩摩（さつま）の島津氏による侵攻を受け、薩摩藩の従属国となる。薩摩藩への貢納を義務付けられたが、中国の清にも朝貢を続けるという**独自の体制で独立国家を保った**。

　1871年の廃藩置県、翌年の琉球藩設置を経て、1879年に**琉球藩廃止および沖縄県設置がなされ琉球王国は滅亡**。日清への両属という形で独立を守っていた琉球の帰属問題は、1895年、日清戦争での清敗北により決着をみるのだった。

Chapter 03

イスラーム世界の形成と拡大

世界宗教となったイスラーム教の
誕生、そして拡大までの歴史をた
どろう。現代のイスラーム教関連
のニュースを理解するためには、
重要なことばかりだよ

section

01 イスラーム教はどのように生まれた宗教なの?

02 スンナ派とシーア派に分かれたイスラーム教

03 イスラーム教の大帝国を築いたオスマン帝国

04 イスラーム文化の多様性がヨーロッパにもたらしたもの

05 なぜヒンドゥー教徒の多いインドにムガル帝国が?

06 ムガル帝国、オスマン帝国はなぜ衰退したのか?

01 イスラーム教はどのように生まれた宗教なの?

唯一神アッラーを信奉するイスラーム教は、同じく一神教であるユダヤ教やキリスト教と関わり合い成立した。

6世紀後半、アラビア半島西岸の都市・メッカに、イスラーム教の開祖となるムハンマドが生まれる。40歳になった頃、唯一神アッラーの啓示を受けた彼はイスラーム教を創始。もともと多神教地域であったアラビア半島において、一神教となるイスラーム教が誕生した背景には、**同じ一神教であるユダヤ教の影響もあるといわれている**。なお、どちらの宗教もイェルサレムが聖地とされている。

イスラーム教の成立と浸透

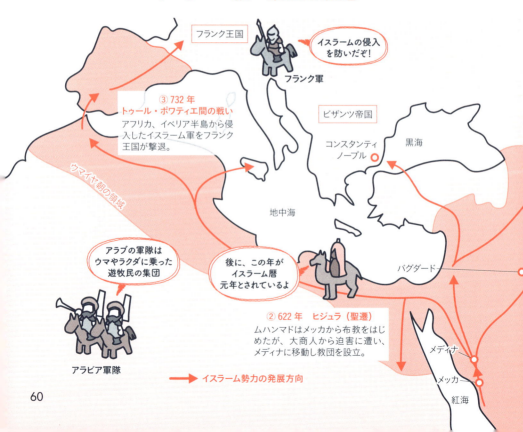

ムハンマド死後、新たな指導者として4代続くカリフ（後継者）が次々に選ばれた。しかし、勢力拡大に伴って後継者争いが勃発。第4代カリフの暗殺を機に、実権を握ったウマイヤ家が**ダマスクスを首都とするウマイヤ朝**をおこした。その後、イスラームの勢力は**イベリア半島や中央アジア、北西アフリカ**にまでおよんだ。

03 イスラーム世界の形成と拡大

■ イスラームとは？

イスラームとは何を表わすのか？　創始者の名前でも経典の名前でもない。イスラームとは「神に帰依すること」、すなわち「信仰している状態そのもの」を指すのだ。

■ ウマイヤ朝（661～750年）

初期のイスラーム王朝。大多数のイスラーム教勢力はスンナ派と呼ばれるようになる。選挙によって選ばれていたカリフをウマイヤ家が独占した。

61

02 スンナ派とシーア派に分かれたイスラーム教

イスラーム信徒の大多数を占めるスンナ派に対し、
後継者争いをきっかけに分裂したのがシーア派だ。

非アラブ人には地税と人頭税を課すというアラブ人優遇政策により、**ウマイヤ朝下の非征服民の不満は高まっていった**。ムハンマドの叔父の子孫アッバース家はそこに目を付け、反ウマイヤ朝運動を支援しつつ、750年、ウマイヤ朝を滅ぼしアッバース朝を建てた。アッバース朝では領内全員が地税を負担。イスラーム教に改宗した非アラブ人は人頭税免除となり、**イスラームの信仰のもとでは皆平等という国家が成立した**。

ウマイヤ朝とアッバース朝の税制

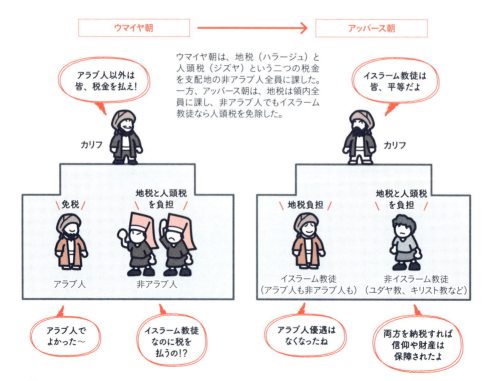

現代のイスラーム教国

厳しい教義

コーランにまとめられた教義には、1日5回の祈り、1か月間の断食、飲酒や豚肉摂食の禁止といった厳しいものがある。

コーランとは

第3代正統カリフによってまとめられた啓典のこと。六信五行と呼ばれる6つの信仰と5つの義務が書かれている。

スンナ派とシーア派は、教義の解釈でも意見が対立した。教徒の行動の是非は全体の合意により判断するべきと考えるスンナ派に対し、第4代カリフの子孫こそが絶対と考えるシーア派は教徒の合意を認めていない。なお今日、**イスラーム教徒の9割がスンナ派に属し、シーア派はイランを中心としたごく一部である。**

03 イスラーム教の大帝国を築いたオスマン帝国

13世紀末の誕生から20世紀まで存続した
オスマン帝国は多民族・多宗教国家だった!?

1258年、モンゴル軍のフラグにより、アッバース朝は滅亡する。しかしその一方で、トルコ人によって小アジア地域にオスマン朝が設立。一旦は、イランやイラク一帯を支配していたティムール帝国との戦いに敗れるが、その後ティムール帝国の衰退もあって勢力を盛り返した。**1453年にはビザンツ帝国を滅亡に追い込み、以降もその領土を中央ヨーロッパ、北アフリカにまで広げる。**

トルコ民族の移動

■ ビザンツ帝国を滅ぼす

1453年、首都・コンスタンティノープルを包囲・滅亡させたオスマン帝国は、この地をイスタンブルと改名して首都とした。

■ ウィーン包囲

1529年、ハンガリーを征服したオスマン帝国は、そのままウィーンを包囲。ヨーロッパ諸国にとって大きな脅威となった。

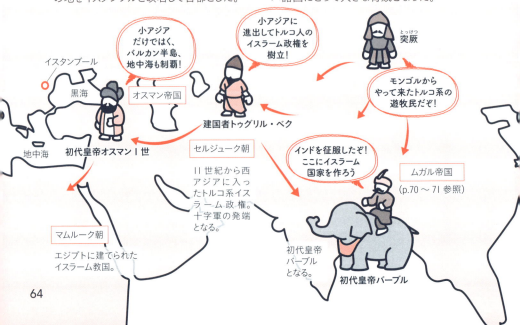

オスマン帝国の統治

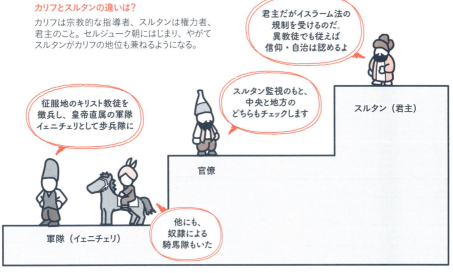

カリフとスルタンの違いは？
カリフは宗教的な指導者、スルタンは権力者、君主のこと。セルジューク朝にはじまり、やがてスルタンがカリフの地位も兼ねるようになる。

▨ デウシルメ

イェニチェリのための強制徴兵制度。主にバルカン半島のキリスト教徒を集め、イスラーム教に改宗させ訓練した。費用がかからないという利点がある。

▨ ミッレト

イスラーム教徒以外の人々を宗教ごとに共同体を組織。各ミッレトごとに貢納の義務があるが、信仰と法と習慣を認められた。

オスマン帝国はオスマン・トルコと呼ばれていた時期もあるため、トルコ人の国と思われがちだが、**実際には多くの異教徒を領内に抱えていた**。異教徒たちに対して行った政策の一つにミッレト制がある。宗教ごとの地域社会を作った彼らには**自治権が認められ、信仰や財産が保障されていた**。

04 イスラーム文化の多様性がヨーロッパにもたらしたもの

イスラーム圏に根ざしていた文化に征服地の文化が融合。
そうした独自の文化が宗派ごとにさらなる発展を遂げた。

ギリシアやインドなど、古代文化が繁栄した地に根ざしたイスラームの文化は、征服地古来の文化と融合することで独自の発展を遂げていった。**数学はインド起源の十進法やアラビア数字によって飛躍的に発達**。ヨーロッパにおける近代科学の発展に大きく貢献した。また、ギリシア語の文献を通じて、**哲学や医学、天文学も発達**。本家のギリシアを上回る成果を上げた後、ヨーロッパに逆輸入という形で入った。

イスラーム文化はすごい！

医学の発展
イスラーム世界ではベッドでの治療を実施。外科・内科を設け、入院施設を備えた総合病院もあった。

錬金術を化学的に
金を他の物質から作り出そうとする術は古くからあったが、呪術的なものだった。アラビアでは、物質と物質を化合させる実験を繰り返し、化学の発展に結び付いた。

イスラーム美術
偶像崇拝禁止だからこそ、装飾美術が発展。幾何学的な模様を反復して作られる。

アラベスク

🟧 アラビアンナイト

世界中で読まれているイスラーム文学で『千夜一夜物語』ともいう。元はサーサーン朝時代の物語で、インド、イラン、アラビア、ギリシアなどの説話も盛り込まれている。

イスラーム内部においても宗派の分裂などにより地域ごとの独自の文化が発展した。言語を異にした数多くの文学作品は、その代表例である。また、イスラーム圏全域に点在するモスクも、**石造りの回廊を持つアラブ型や色彩豊かなイラン型、尖ったミナレット（光塔）が印象的なトルコ型**など、地域ごとの特色を持っている。

03 イスラーム世界の形成と拡大

▰ アラビア語が公用語

イスラームの公用語はアラビア語だったが、10世紀以降のイランではペルシア語、オスマン帝国ではトルコ語が使われた。

▰ 図書館は公共に

ギリシア語やペルシア語の文献がたくさん輸入されアラビア語に翻訳。アラビア語はイスラーム世界共通の学術用語となり、やがて、この翻訳本がヨーロッパへ逆輸入の形で伝わり、ルネサンスの原動力となる。

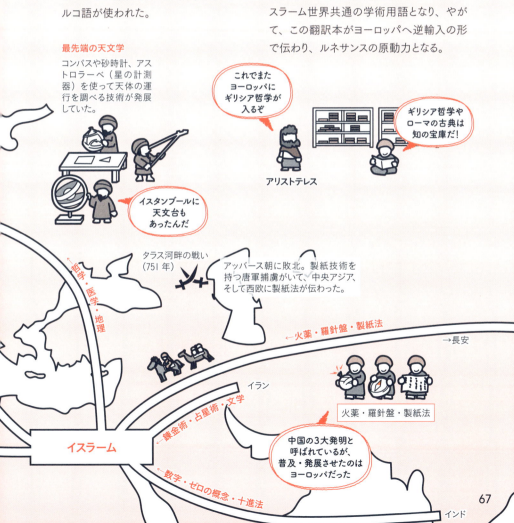

fashion check
ファッション チェック

**ムガル帝国の王族
オスマン帝国軍のイェニチェリ**

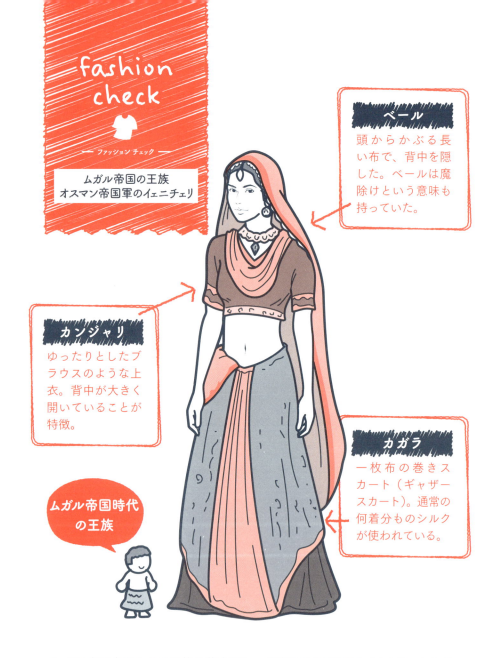

ベール
頭からかぶる長い布で、背中を隠した。ベールは魔除けという意味も持っていた。

カンジャリ
ゆったりとしたブラウスのような上衣。背中が大きく開いていることが特徴。

カガラ
一枚布の巻きスカート（ギャザースカート）。通常の何着分ものシルクが使われている。

ムガル帝国時代の王族

インドは高温多湿なので服飾は基本的に一枚布を巻き付けるものとなる。この衣装は風が通りやすく、体を締め付けることもなく、発汗と蒸発に適している。宝飾品は王室の権力の象徴であったことから、ムガル帝国の妃であったムムターズ・マハルやヌール・ジャハーンなどは多くの煌びやかな宝飾品で着飾っていた。

03 イスラーム世界の形成と拡大

ビヨルク
中央に帽章を付け頭の上に長くのばした帽子。兵士は白いものが一般的だが、皇帝の副官は赤いものをかぶっていた。

ドラマン
袖を完全に縫い付けないで、腕を通さず、垂れ袖にする独特の上着である。袖の切り込みから色違いの袖を出す着こなしが流行した。

クフ
皮革製の靴。イラストのようなブーツの他、サンダルのような短靴、乗馬用の長靴もあった。黄色のものが流行っていたという。

オスマン帝国軍 イェニチェリ

オスマン帝国の皇帝直属の歩兵部隊イェニチェリは1360年代に第3代皇帝ムラト1世によって創設され、16世紀前半には鉄砲を装備し、ヨーロッパ各国にも絶大な影響を与えた。キリスト教徒の捕虜（後に子弟）を集め、イスラーム教に改宗させ、皇帝への忠誠心が育つように教育した。1826年解隊。

このあたりのインド

BC 3000 BC 500 0 500 1000 1200 1400 1600 1700 1800 1900 1950 2000

05 なぜヒンドゥー教徒の多い インドにムガル帝国が？

人頭税の廃止などの融和政策によって、
イスラーム教徒とヒンドゥー教徒との共存を実現した。

8世紀、イスラーム勢力はヒンドゥー教徒の国・インドに向けて侵攻。**13世紀には、インド初のイスラーム王朝が誕生**。16世紀には、その後1世紀以上にわたり繁栄を続けるムガル帝国が創設された。創設者の孫にあたる第3代アクバル帝は、さらなる領土拡大を進める一方で、**税制改革を実施**。侵攻初期に行われていたヒンドゥー教寺院の破壊などの弾圧政策と対局をなす**融和策を積極的に進めた**。

ムガル帝国が拡大するまで

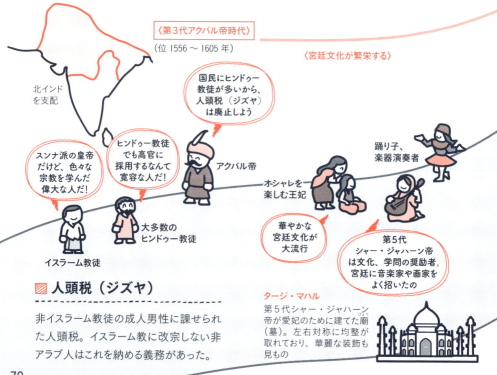

ヒンドゥー教徒に課せられていた人頭税の廃止や官僚への登用により、平安が保たれる中、**ヒンドゥー教の影響を受けたインド・イスラーム文化が発展**。タージ・マハルに代表される建造物が造られた。しかし、第6代アウラングゼーブ帝が**ヒンドゥー教徒抑圧政策をとったことをきっかけに**、帝国は衰退する。

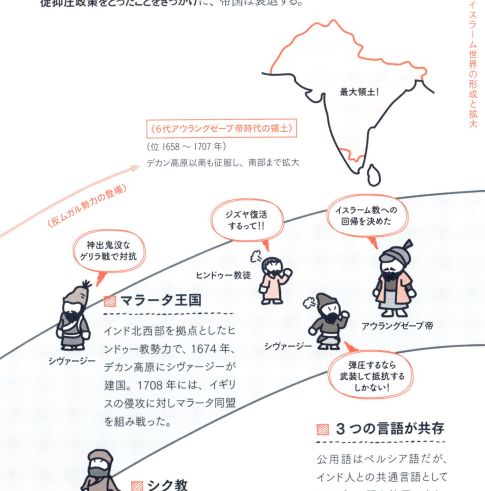

03 イスラーム世界の形成と拡大

〈6代アウラングゼーブ帝時代の領土〉
（位1658〜1707年）
デカン高原以南も征服し、南部まで拡大

最大領土！

〈反ムガル勢力の登場〉

マラータ王国

インド北西部を拠点としたヒンドゥー教勢力で、1674年、デカン高原にシヴァージーが建国。1708年には、イギリスの侵攻に対しマラータ同盟を組み戦った。

シヴァージー「神出鬼没なゲリラ戦で対抗」

ヒンドゥー教徒「ジズヤ復活するって!!」

シヴァージー「弾圧するなら武装して抵抗するしかない！」

アウラングゼーブ帝「イスラーム教への回帰を決めた」

シク教

インドのナーナクを始祖とする宗教。パンジャーブ地方で強力な政治勢力となった。イギリスの支配にも対抗してシク戦争をおこした。

ナーナク「イスラーム教もヒンドゥー教も超えた真理を！」

3つの言語が共存

公用語はペルシア語だが、インド人との共通言語としてヒンディー語を使用。また、二つの言語を混成したウルドゥー語が作られた。

このあたりのトルコ、インド

06 ムガル帝国、オスマン帝国はなぜ衰退したのか?

イスラームの大国、ムガル帝国とオスマン帝国は国力を増すヨーロッパ諸国によって衰退の道を歩む。

栄華を極めたオスマン帝国とムガル帝国はともに18世紀以降、衰退の一途をたどる。その理由は、産業革命やアジア貿易により経済的発展を遂げた**ヨーロッパ諸国の進出**である。ヒンドゥー教徒抑圧政策により衰退したムガル帝国に対し、イギリスは着実に支配地域を拡大。**1600年設立の東インド会社を通じて、19世紀半ばにはインドのほぼ全域を支配下に置いた**。以降、ムガル帝国は名ばかりの存在となる。

植民地化されるインド

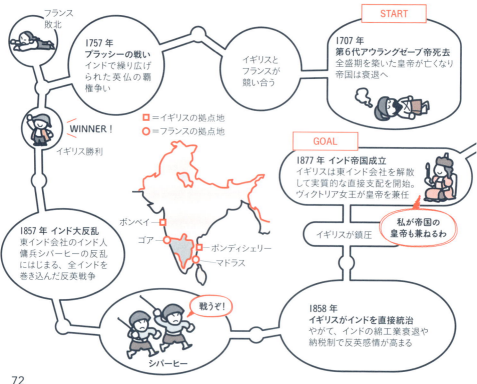

縮小していくオスマン帝国

■ 東インド会社とは
イギリス女王からアジア方面の貿易独占権を認められた会社。インドにおいて統治機関として領土経営を行った。

■ 日本とトルコ外交の起点
権威をアジア諸国に示すため、1890年にトルコを出港した軍艦が和歌山沖で沈没。地元住民が救命活動を行ったことがトルコの親日感情につながった。

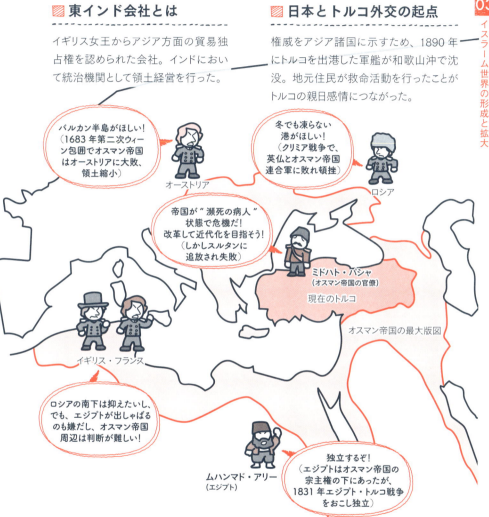

オスマン帝国は第二次ウィーン包囲に失敗し、オーストリアに大敗した。さらにロシアの進出もあって、その版図は大幅に後退。独立を求めたアラブ人らによる民族運動により国内が混乱する中、勢力拡大を目指すヨーロッパ諸国の標的となったオスマン帝国の財政はついに破綻。「**瀕死の病人**」と称されるほど弱体化した。

column NO.03

茶が世界を動かす?

世界史の裏側にはお茶の存在がある

　茶葉を煎じた飲み物は、古くは中国で**薬とみなされていた**。宋の時代になると、日本を含めて周辺民族にも喫茶の風習は浸透していたとされる。

　16世紀に中国へ来たポルトガル人がヨーロッパ人ではじめて茶を味わい、17世紀以降にはヨーロッパへ広がる。とりわけイギリスで愛され、宮廷から一般民衆まで一大ブームとなった。**茶に砂糖を入れたり、陶器を使ったりする**習慣もこの頃から。

　イギリス東インド会社が中国茶の輸入を独占して、アメリカ独立戦争を引きおこしたことは周知のこと。そしてまた、中国からのお茶の輸出を巡りアヘン戦争も勃発した。イギリスは国内の需要に応えるためインドでの茶栽培をはじめ、19世紀後半には中国産を上回る結果に。茶をいち早くイギリスに届けるために**高速帆船が開発される**など、海運の発達にも一役買っている。このように茶は世界史をゆり動かす原動力でもあったのだ。

Chapter 04

ヨーロッパ世界の形成

ゲルマン人の大移動によって西ローマ帝国が滅亡した5世紀から15世紀までのヨーロッパは、「中世」に区分される。この時代が今のヨーロッパ世界の母胎となった

section

01 　中世ヨーロッパはゲルマン人の大移動から

02 　フランク王国カール大帝は尊大で残酷だった?

03 　ビザンツ帝国から大国ロシアが生まれるまで

04 　中世ヨーロッパでなぜ教会の力が拡大した?

05 　「黒死病」で人口が3分の1も減った?

06 　十字軍の遠征が7回にもわたった理由とは?

01 中世ヨーロッパはゲルマン人の大移動から

ゲルマン人の侵攻により西ローマ帝国は滅亡。
この時が西洋史において古代と中世の転換期となる。

395年、皇帝テオドシウス1世の死により、ローマ帝国は東西に分割された。コンスタンティノープルを中心にバルカン半島や小アジアを支配した**東ローマ帝国は、ビザンツ帝国として1000年に渡って存続した。**一方、ローマを中心にイタリア半島とその周辺を支配した西ローマ帝国は、ゲルマン人の度重なる侵攻によって衰退し、**その領内に次々とゲルマン国家が建設されることになる。**

ゲルマン人国家の成立

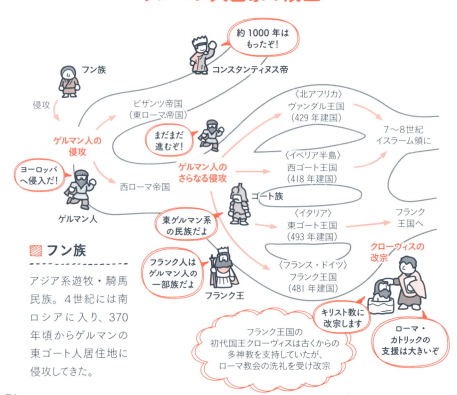

フン族

アジア系遊牧・騎馬民族。4世紀には南ロシアに入り、370年頃からゲルマンの東ゴート人居住地に侵攻してきた。

ノルマン人の移動

フン族の圧迫をきっかけに大移動をはじめたゲルマン人によって、**西ローマ帝国は建国から100年を待たずに476年に滅亡**。領内に西ゴート王国、ヴァンダル王国、フランク王国、東ゴート王国などゲルマン人国家が群立し、その後もノルマン人(ヴァイキング)の移動などが続き、激動の時代を迎える。

02 フランク王国カール大帝は尊大で残酷だった？

キリスト教との融和を推進したフランク王国カール大帝。
現在のヨーロッパ文化の原型を創ったといわれる。

西ヨーロッパ各地に建国されたゲルマン王国だが、多くは短い期間で滅んでいった。そんな中、481年に建国されたフランク王国は、以降400年にわたり存続した。最盛期を創り上げたカール大帝は、ローマ帝国の基盤だったともいえる**ラテン語の普及を目的としたカロリング・ルネサンスを推進。ゲルマン文化とキリスト教の融合により、西ヨーロッパ文化の原型ができ上がった。**

最盛期を築いたカール大帝

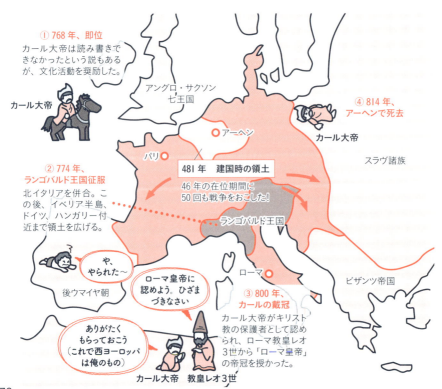

フランク王国から仏伊独が誕生

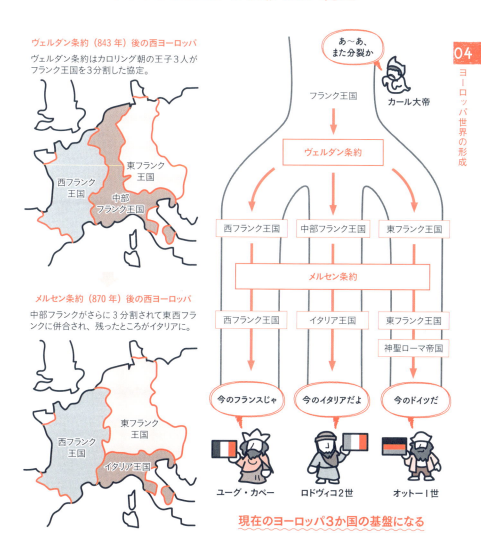

現在のヨーロッパ3か国の基盤になる

フランク王国は843年のヴェルダン条約、870年のメルセン条約を経て、西フランク、東フランク、イタリアの3王国に分割。これが**現在のフランス、ドイツ、イタリアの起源**となった。カール大帝は50回を超える戦争を行い、非キリスト教徒への虐殺もしたとされるが、ヨーロッパの基礎を築いた「**ヨーロッパの父**」として今も称えられている。

03 ビザンツ帝国から大国ロシアが生まれるまで

東ヨーロッパに侵攻するスラヴ人が建国したキエフ公国。
ビザンツ帝国の後継としてギリシア正教を保護する。

ローマ・カトリック教会と対立してきた**コンスタンティノープル教会は、ビザンツ帝国の庇護のもと、ギリシア正教会の総本山となった。**以降、東ヨーロッパ世界に住むスラヴ民族への布教が進み、ビザンツ帝国はギリシアやローマと東方的な情緒を持つ、独自の文化を形成していった。1453年、ビザンツ帝国がオスマン帝国によって滅ぼされた後も、**教会はギリシア正教の総首座として残った。**

6世紀ビザンツ帝国の情勢

■ **スラヴ民族とは**

チェコとドイツを流れるエルベ川以東に広がる東ヨーロッパ圏(バルカン半島含む)の民族。ポーランド、チェコ、ロシアなどが故地。

キエフ公国からモスクワ大公国まで

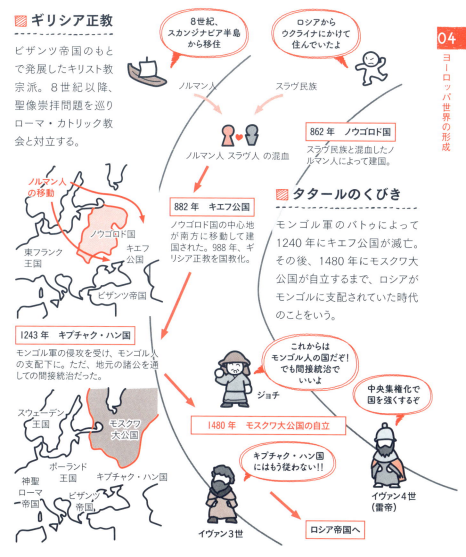

ビザンツ帝国に続き、ギリシア正教の保護者となったのが**キエフ公国**だった。キエフ公国は9世紀末に現在のウクライナの首都・キエフにノルマン人によって建国された国家。大公のウラディミル1世が**ギリシア正教を国教とするなど**、ビザンツ文化の受け入れを推進した。なお、キエフ公国の後継国家がロシアである。

04 中世ヨーロッパでなぜ教会の力が拡大した?

中世ヨーロッパにおいて封建社会の中で領地を持った
ローマ・カトリック教会の権力は国王を上回るほどに。

中世ヨーロッパは封建制度によって支えられた。 封建制度とは、土地を介した主従関係である。主君は家臣に領地を与えて保護する義務があり、家臣は主君に奉仕する義務が発生した。封建社会にあっては、**教会による民衆への教化が進んだ。** また、王族や貴族らが広大な土地を寄進したことで、**ローマ・カトリック教会は領土を持つようになり、**その力は国王に匹敵するまでになった。

原因① 封建社会

原因② 騎士の没落

カノッサの屈辱

教皇に破門されるということは非キリスト教徒と烙印を押されたも同然。神聖ローマ皇帝に反抗する諸侯に加え、中立派も反発することを恐れ、1077年、ハインリヒ4世はイタリアのカノッサで3日間もかけて教皇へ謝罪することを決めた。

11〜12世紀にかけて、**教皇と世俗の君主の間で闘争がおこる**。これは教会聖職者の任命権を巡ってのものだった。当時、司教などの聖職者の任命権は国王や領主にあったが、それが教会の堕落の原因と考えたローマ教皇は、皇帝ハインリッヒ4世を破門。このカノッサの屈辱を経て、**教皇優位の兆しが見えた**。

05 「黒死病」で人口が3分の1も減った?

14世紀ヨーロッパで黒死病（ペスト）が大流行。犠牲者は総人口の3分の1におよんだ。

1340年代、黒死病がヨーロッパで大流行した。中央アジアで発生した後、黒海沿岸に上陸。瞬く間に広がった。**ヴェネツィアでは人口が11万人から4万5000人に減少**。また、**フランスやイギリスでは人口の半分以上が死亡した**。大流行は1370年頃まで続き、ヨーロッパ全体の犠牲者は、総人口の3分の1におよんだといわれる。なお、黒死病の名の由来は、体中に黒い斑点が出て死んでいくためである。

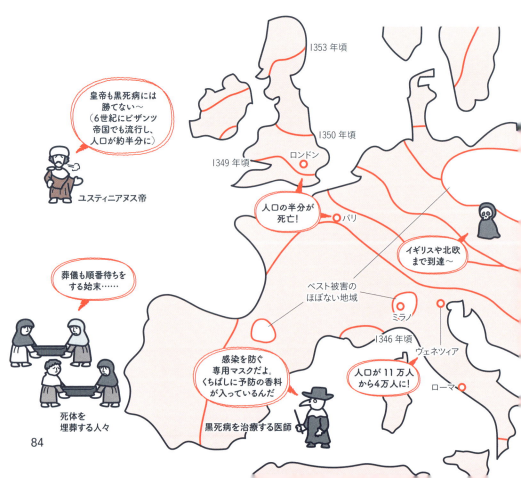

黒死病をはじめとする感染症は、**都市の汚染水や塵芥の処理が不十分なまま**放置されたことに一因がある。**ヨーロッパでは水が貴重だったため**、洗濯もままならないところがあった。近代的な衛生観念は、ヨーロッパで産業革命がおきた頃、住環境の悪化と感染症の発生が結び付いて考えられ、徐々に発達していったものである。

04 ヨーロッパ世界の形成

黒死病の広がり

死の舞踏

黒死病流行時、教会や墓地に数多く描かれた壁画。骸骨化した死者が生者の手を取り踊るという構図が特徴だった。

死だけは皇帝と教皇どちらにも平等に訪れるものさ

生を刈り取る「死神」？

ウェイト版タロットカードの死神のデザインは黒死病の流行下で生まれた。軍旗を持ちウマに乗り、人々の魂を刈り取る骸骨の騎士の姿で描かれている。

伝統的には大きな鎌を持った姿で描かれてきた

黒死病流行でユダヤ人迫害

ユダヤ人の発症率が低かったため、彼らが井戸に毒を撒いたという噂が流れた。これをきっかけにユダヤ人虐殺がおこった。

ロシアまで征服！

1353年頃
1351年頃
1350年頃
1349年頃

14世紀、中央アジアから広まったのさ

1347年頃
1346年頃

エジプトにも拡大し、マムルーク朝が衰退

85

Architecture check
建築 チェック

**ロマネスク様式
ゴシック様式**

ロマネスク様式

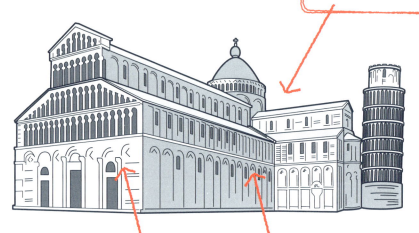

重厚な石壁
石造りの天井の重さを支えるために、壁の厚みが1m以上になる建築物が多く存在する。小さな窓がたくさんあるのも特徴。

浮き彫り装飾
装飾は少なく、柱頭や扉口の浮き彫り装飾やフレスコ画の壁画などが、礼拝堂の厳粛な空間を演出している。

半円形アーチ
修道院の建築様式を発展させたローマ風の円形アーチは、やわらかな印象を与える。

11世紀頃から、バシリカ様式、ビザンツ様式についで、フランス南部、イタリア、スペイン北部で生まれ、ヨーロッパ各地に普及した建築様式がロマネスク様式である。代表的な建築にイタリアのピサ大聖堂やフランスのクリュニー修道院などがある。キリスト教美術の伝統が統一された最初の様式といわれている。

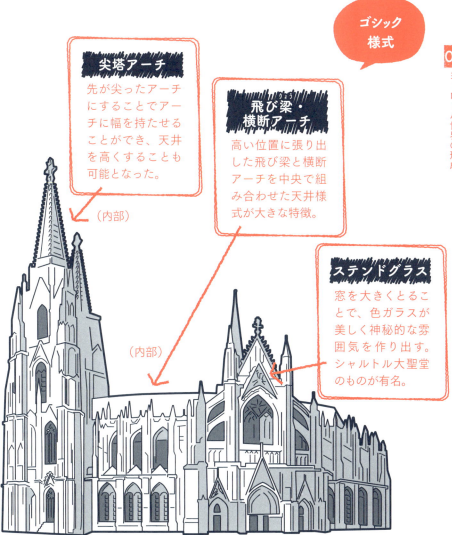

フランスのシャルトル大聖堂やノートル・ダム大聖堂、ドイツのケルン大聖堂に代表されるゴシック様式はロマネスク様式についで12世紀にはじまる。もっとも古いゴシック様式建築はフランスのサン・ドニ修道院に見られ、北フランスを中心に広まり、カペー王権の強化の時期であった13世紀前半には最盛期を迎えた。

06 十字軍の遠征が7回にもわたった理由とは?

失敗に終わった十字軍遠征で教会の権威は失墜。
その一方で、ヨーロッパ商業が大きく発展した。

ローマ・カトリック教会の権力が絶大であった11世紀、ビザンツ帝国の援軍要請を受けた教皇ウルバヌス2世は、**「イスラーム教徒に支配された聖地イェルサレム奪回」**を旗印に十字軍派遣を決定した。1096年に遠征した十字軍は見事、聖地を奪還するが、1187年にはイスラーム側に奪い返される。以降、6回（全部で7回）にわたり、十字軍を派遣するが、**いずれも聖地奪還は失敗に終わった。**

十字軍の遠征

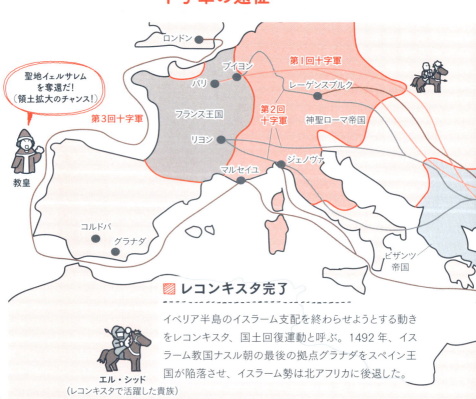

■ レコンキスタ完了

イベリア半島のイスラーム支配を終わらせようとする動きをレコンキスタ、国土回復運動と呼ぶ。1492年、イスラーム教国ナスル朝の最後の拠点グラナダをスペイン王国が陥落させ、イスラーム勢は北アフリカに後退した。

7回におよぶ十字軍の遠征失敗により、**ローマ・カトリック教皇の権威は失墜した**。しかし、その一方で**北イタリアとイスラーム商人との間で東方貿易が発展**。異なる文化間での人とモノの交流が進んだことで、十字軍の遠征は思いがけずも、ヨーロッパ商業の発展に大きく貢献したことになる。

十字軍のいでたち

十字軍は1070年創設の聖ヨハネ騎士団にはじまり、テンプル騎士団、ドイツ騎士団などがある。キリスト教のシンボル、十字を服に着けたことから十字軍と呼ばれた。

サラディン（アイユーブ朝）　ギイ（イェルサレム国）

サラディン

サラディンはエジプトを領土としたアイユーブ朝の創始者。イェルサレムに侵入し暴力を振るう十字軍に反撃するために、イスラーム勢力をまとめ上げた。1187年、十字軍を破り、イェルサレムを奪還する。キリスト教徒に報復は行わなかった。

騎士　　諸侯

04 ヨーロッパ世界の形成

column   NO.04

ゼロ（0） は
世界を変えた偉大なる発明

「何もないという状態」＝「0」は画期的！

　かつてヨーロッパで数を表わす際に用いていたのはローマ数字。1はⅠ、5はⅤ、10はⅩという具合で。87をローマ数字にすると「LXXXVII」。50（L）と10（X）が三つ、5（V）と1（I）が二つとなる。これは計算にとても不便。

　「123……」という数字はアラビア数字で、ヨーロッパに伝わったのが12世紀。商業ルネサンスという交易が盛んになった頃に、**イスラーム圏のアラビア商人から伝わった**。アラビア数字だけでも驚きだったが、ゼロはそれをさらに上回る革命だった。位取り（1の位、10の位）や負の数、少数といった発想が生まれ、数の世界は大いに変化を遂げる。

　アラビア数字もゼロも6世紀のインドで生まれた。もし、アレクサンドロス大王がインドまで征服していたら、ゼロの概念は生まれなかったかもしれない。なぜなら、彼の師匠、古代ギリシアの哲学者アリストテレスが無、無限という考え方を嫌っていたから。

Chapter 05

近世ヨーロッパ社会の発展

15世紀末からおこった大航海時代が世界の仕組みを変えた。グローバリゼーションは、この時代にはじまったともいわれる。現代の国際関係の基盤を形成した時代だよ

section

01 「発見」されたアメリカと古代アメリカ文明

02 「復興」という意味を持つルネサンス芸術は傑作揃い

03 スペインとポルトガルが海へと乗り出した訳とは?

04 宗教革命はなぜドイツではじまったのか?

05 「太陽の沈まぬ国」スペインがイギリスに負けた理由

06 現代の「国民国家」の礎となったヨーロッパの政治

BC 3000　BC 500　0　500　1000　1200　1400　1600　1700　1800　1900　1950　2000

このあたりのアメリカ

01 「発見」されたアメリカと古代アメリカ文明

陸続きだったアラスカとシベリアから渡ったアメリカ先住民モンゴロイド。長年、独自の文明を築いてきた。

コロンブスが到達するまで他の大陸との交流がなかったアメリカ大陸には、いくつもの独自の文明が誕生していた。3〜16世紀頃、ユカタン半島にはマヤ文明が成立。**ピラミッド建築、文字、暦、二十進法など高度な文化が発展した**。14〜16世紀にはマヤ文明に代わってアステカ王国によるアステカ文明が誕生。また、同じ頃、アンデス山脈には**インカ帝国によるインカ文明が栄え**、マチュ・ピチュ遺跡などを造り上げた。

古代アメリカの文明

スペインによる侵略

マヤ文明滅亡の謎

約2000年も栄えたマヤ文明は、突如滅亡してしまった。その原因について干ばつ説、異民族の侵入説、感染病蔓延説などが考えられているが解明されていない。

先住民を擁護する人物もいた

強制労働を強いられ、虐殺されたアメリカ大陸の先住民を助けようとしたヨーロッパ人もいる。その一人がドミニコ修道会のラス・カサスだ。

先住民のインディオが築いた古代アメリカ文明は、コロンブス到着以後**スペイン人の征服者達によって滅亡に追い込まれた**。1521年にはコルテスによってアステカ王国が滅ぼされ、1533年にはピサロによってインカ帝国が滅ぼされた。その後、多くの**インディオは奴隷同然にヨーロッパ人から酷使されることとなる**。

02 「復興」という意味を持つルネサンス芸術は傑作揃い

文化復興運動のルネサンスは、発展した自由な都市と文化人を保護する裕福な商人たちを背景に勃興した。

14〜16世紀にイタリアを中心におきたルネサンス。ルネサンスとは「復興」「再生」という意味で、中世ヨーロッパのキリスト教文化の中で**抑圧されていた人間の精神を復興しようという文化運動**のことを指している。自治的な都市国家や小さな君主国、教皇領などが分立していたイタリアはヨーロッパの中でも都市化が進んでいた地域で、**その自由な社会空間と文化を保護する裕福な有力者を背景に**ルネサンスは開花した。

特に美術がチョーすごい！

なぜイタリアを中心に花開いた？

オスマン帝国のビザンツ侵攻から逃れた文化人たちが北イタリアに移住。彼らが紹介するギリシア古典文化もルネサンスに影響を与えた。

人文主義とは

ヒューマニズムともいう。人間そのものの美しさや価値を見出そうとした人間中心の思想のことで、ルネサンス期に現われた。カトリック教会の権威主義、形式主義を批判する。

94

パトロンがいたからこそ開花

パトロンと芸術

パトロンは芸術などにお金を出すスポンサーのこと。19世紀になるまで、芸術家はパトロンに支援されていたからこそ活動できたといえる。

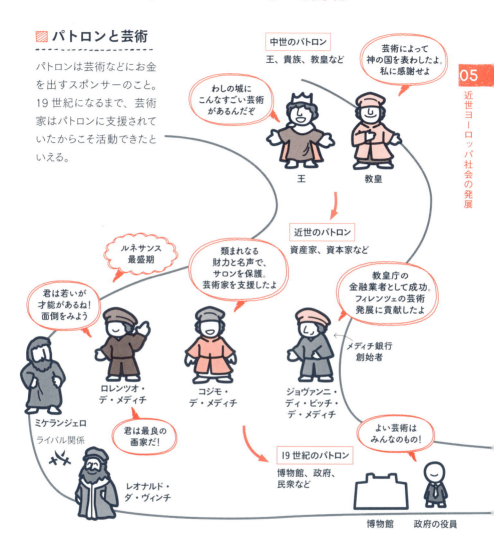

ルネサンスを代表する芸術家としては、学者としても優れていた**ダ・ヴィンチ**。力強い肉体のダヴィデ像で有名な**ミケランジェロ**。《大公の聖母》などで後世の画家に影響を与えた**ラファエロ**。ギリシア神話の一場面を描いた《ヴィーナスの誕生》の**サンドロ・ボッティチェリ**がいる。どの作家もいまだに大人気だ。

03 スペインとポルトガルが海へと乗り出した訳とは?

アジアやアフリカ、新大陸に到達し世界を大きく変えた大航海時代をスペインとポルトガルがリードした理由とは?

スペインやポルトガルなどのヨーロッパの国々がアジア、アフリカ、アメリカに乗り出した大航海時代にはいくつかの時代背景がある。**マルコ・ポーロなどの影響で強まったアジアへの関心。キリスト教を広めたいという思い。** オスマン帝国によって**従来のアジアとの交易路を押さえられたことへの抵抗。香辛料の需要が高まったこと。羅針盤などで遠洋航海の技術が発展したこと。** これらの要因で大航海時代がはじまったのだ。

大航海時代の到来

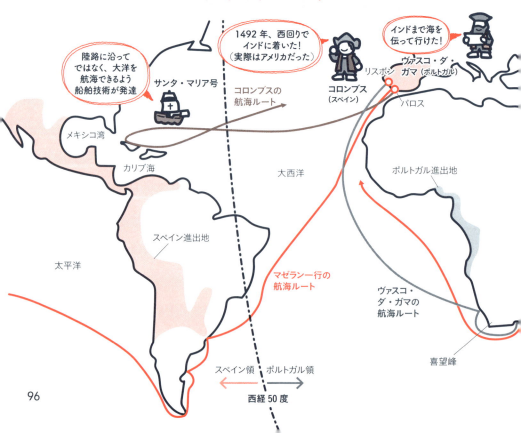

大航海時代によってヨーロッパの経済活動は世界規模になり、「世界の一体化」が進んだ。アメリカ大陸で採掘した銀が大量に流入して発生したヨーロッパの物価上昇も、世界の一体化の表われだ。この価格革命により封建社会も崩壊。その一方で、世界各地の植民地化や奴隷貿易など今に続く根深い問題も残っている。

05 近世ヨーロッパ社会の発展

地球は丸いと知っていた？

イタリアの学者トスカネリは15世紀後半に地球球体説を提唱。また、ドイツ人のベハイムは15世紀後半に最古の地球儀を作っている。地球球体説はギリシア哲学、ヘレニズム天文学でも考察されたが、実際に証明したのがマゼランだった。

種子島へ鉄砲が伝わる

スペインより先にインド航路を開拓しようとしたポルトガルは東アジアに進出。その結果、1543年にポルトガル人が種子島に漂着し鉄砲を伝えた。その後1575年に、長篠の戦いで織田信長が大量の鉄砲を使用した。

04 宗教革命はなぜドイツではじまったのか?

堕落して腐敗したローマ教会に対して立ち上がったのは
"抗議する者" マルティン・ルターだった。

中世において強い権威を誇っていたローマ教会はすっかり腐敗していた。16世紀当時、統一国家ではなく、様々な地方国家や都市に分裂していたドイツは、教皇の浪費を補うなど資金を集めたいローマ教会に目を付けられた。ローマ教会は「買えば罪が帳消しになる」と謳った贖宥状（免罪符）をドイツの農民に売り付けたのだった。こうした振る舞いを強く批判したのが、神学教授だったマルティン・ルターである。

ドイツ宗教革命がおきるまで

ルターが賛美歌を生んだ？

リュートの演奏が得意で作詞作曲も行ったルターは、礼拝式に来た人たちが賛美歌を聞くだけでなく、歌う形式を作り出した。

宗教革命時代のヨーロッパ

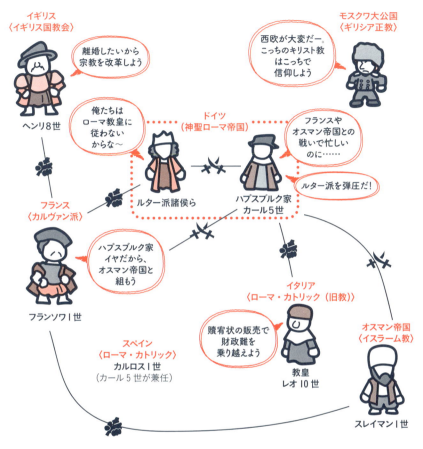

ザビエルはなぜ日本へやって来た？

宗教改革でローマ教皇の権威が下がったことへの対抗策として、ローマ教会はアジアへの布教を考えた。ザビエルはこの方針によって日本に来たのだ。

教会を批判したルターは破門されたが、自分の意見を変えず、民衆や諸侯たちから支持された。ローマ教会のカトリックに反対するルター派は、「**プロテスタント（抗議する者）**」と呼ばれ、大きな勢力となった。ルターの宗教改革はヨーロッパ各地に広がり、スイスなどでは**より厳格なカルヴァン派も登場した**。

このあたりのヨーロッパ

05 「太陽の沈まぬ国」スペインがイギリスに負けた理由

大航海時代の活躍で覇権を握っていたスペインが
イギリスに追い抜かれる契機となった一戦があった。

大航海時代に世界の各地に領土を広げ、植民地を手に入れたスペインは「太陽の沈まぬ国」と呼ばれた。いつの時間帯でも世界のどこかのスペインの土地には太陽が出ている、という意味である。スペインの勢いはすさまじく、1571年には地中海のレパントの海戦でオスマン帝国を破り、1580年にはポルトガルを併合している。**経済面でもアメリカの銀山を所有し、毛織物市場も支配して、まさに世界最強の大帝国となったのだ。**

スペインとイギリスの対立

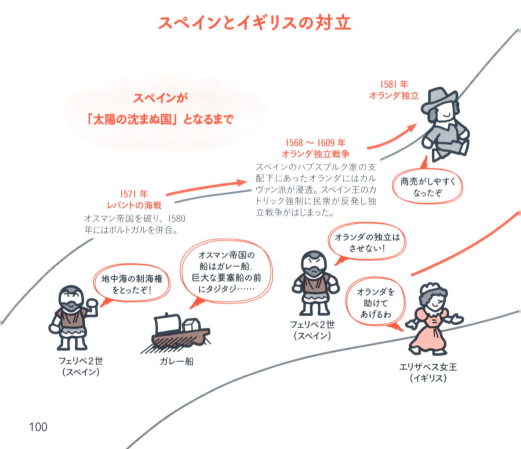

▨ オランダ商人

1609年、スペインから事実上、独立したオランダでは、新教徒の商工業者の亡命によって、バルト海の中継貿易などで経済が急激に成長。市民や商人が台頭することになる。

▨ 英西で婚姻関係を結んだが……

イギリスのエリザベス女王の姉・メアリ1世は、対立していたスペイン王のフェリペ2世に嫁いでいる。カトリックへの復帰策を進めたが、1558年に病死。その後、エリザベス1世はイギリス国教会に復帰し、スペインとの関係は悪化していく。

05 近世ヨーロッパ社会の発展

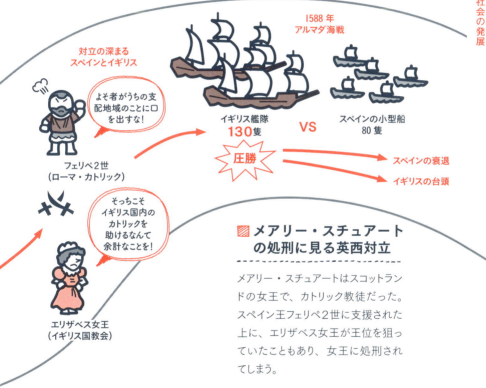

▨ メアリー・スチュアートの処刑に見る英西対立

メアリー・スチュアートはスコットランドの女王で、カトリック教徒だった。スペイン王フェリペ2世に支援された上に、エリザベス女王が王位を狙っていたこともあり、女王に処刑されてしまう。

スペインはカトリックだったが、イギリスは反カトリックだったため、両国は対立した。さらに両国はオランダの独立を巡っても対立し、1588年のアルマダ海戦で激突したが、**機動力をいかしたイギリスの艦隊がスペインの無敵艦隊を打ち破った**。これをきっかけにスペインは凋落への道を歩むのだった。

101

fashion check

ファッション チェック

エリザベス1世時代の英国貴族
ヴィクトリア時代の紳士

テューダー・ボンネット
イギリスのテューダー朝期に流行した丸いつばの帽子。1640年代までかぶられていた。

ラフ
それまでは襟にフリルが付いたほどのものだったが、エリザベス1世が取り外し式の巨大なラフを好んだことから大流行した。

ブリーチズ
上着のダブレットに合わせて巨大化した「カボチャパンツ」の半ズボン。スリットの流行は前代からの名残。

エリザベス1世時代の英国貴族

1588年、スペインの無敵艦隊はエリザベス女王の海軍に敗れるが、ファッションはスペイン風が主流となる。体型にフィットした上着（ダブレット）に半ズボン（ブリーチズ）を着用。剣帯にハンガーと呼ばれる剣の吊り下げ装具を付けて、レイピアという甲冑の部品と部品の隙間に突き通す刺突剣を下げていた。

トップハット

原型は狩猟の時に頭を保護するための帽子だった。19世紀後半、素材をシルクにしたことから「シルクハット」の異名が流布した。

05

近世ヨーロッパ社会の発展

ステッキ

現在でも正式な場では帽子、手袋、ステッキは必需品である。日本でも明治時代以降、普及。高貴さのシンボルとして重宝された。

グローブ

皮革製の手袋。19世紀には生成り革のもの、20世紀になるとグレー、その後、純白のものが流行った。

ヴィクトリア時代の紳士

ドイツのザクセン・コーブルク・ゴータ公国から来て、1840年、ヴィクトリア女王と結婚したアルバート公により、大礼服の着用が制限された。貴族の標準服は日中はフロックコート、夜間は燕尾服となった。プロセイン軍の軍服だったフロックコートは、宮廷の標準服となってからは、黒が一般化することとなる。

103

06 現代の「国民国家」の礎となったヨーロッパの政治

現代とは大きく違う絶対王政の国家体制にも、
実は我々が生きる今の国家につながる要素があった。

中世のヨーロッパは封建制度に支えられていた。主君は家臣に領地を与えて保護し、家臣は主君に仕えたのだ。異民族や異国の侵攻から自国を守るため、強い軍事体制を築くために、封建制度が成立した。封建社会では貴族達は固有の領土を持ち、その上に立つ王の支配は名目的なものだった。だが、**貨幣経済が浸透すると、領主に対抗できる裕福な農民も生まれ、封建制度は崩壊しはじめるのだった。**

西ヨーロッパの国家システム

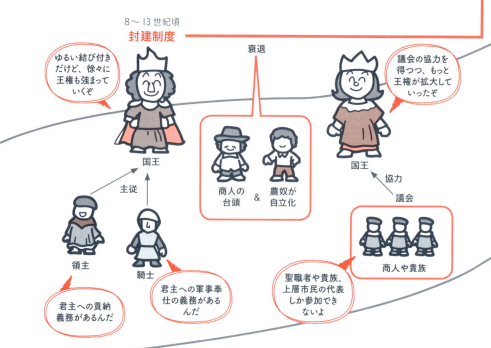

荘園制とは

荘園制も封建社会を支えた。領主は土地（荘園）を所有し、そこで働く農奴（移動の自由などがない隷属農民）に重い税を課した。

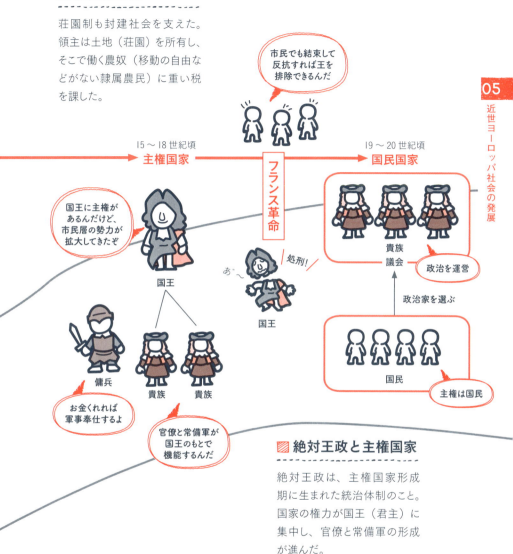

05 近世ヨーロッパ社会の発展

絶対王政と主権国家

絶対王政は、主権国家形成期に生まれた統治体制のこと。国家の権力が国王（君主）に集中し、官僚と常備軍の形成が進んだ。

封建制度が崩壊して貴族の力は失われ、大航海時代に経済圏を拡大させるため権力に頼るという流れも生まれた。これらの要因で**国王に権力が集中する絶対王政が成立した**。そこで整備された**官僚と常備軍は現代につながっている**。しかし、やがて絶対王政はフランス革命に代表される市民革命で打破されることとなる。

NO.05

世界は ヒツジ を中心に回っている?

ヒツジを通して世界史を見ると……

　人類の長い歴史では様々な動物が関わっているが、中でもヒツジは特別な存在だ。家畜としての歴史は古代メソポタミア文明から。古代に栄えたバビロン第一王朝の名前も「**羊毛の国**」を意味した。羊毛が主要な特産品で、ヒツジで繁栄した国だったのだ。

　羊毛を織る技術が発達していたのはペルシアで、中世ヨーロッパではイスラームの国々から高価な毛織物を輸入せざるを得ない状況にあった。14世紀頃からはフランドル地方で、イスラームに負けじと機械織りの技術を向上させたが、この**フランドル地方**を巡って英仏は争い百年戦争へと発展する。

　やがて、イギリスが毛織物工業を進展させ、システム化された**分業と工場制手工業（マニュファクチュア）を確立**。これが18世紀後半の産業革命へとつながっていく。ヒツジから毛織物を作るという歴史があったからこそ、木綿工業の産業革命も生まれたといえるのだ。

Chapter 06

欧米近代社会の確立

アメリカの独立革命、イギリスの市民革命と産業革命、フランスの革命……革命によって世界が変革期を迎えた時代。西洋列強の植民地化政策も本格化していく

section

01 コーヒーがアメリカの独立を助けた?

02 イギリスでおきた市民革命と産業革命

03 王朝が戦争をしすぎてフランス革命が勃発した?

04 ナポレオンの野望と挫折の軌跡をたどる

05 「会議は踊る」って何? ウィーン体制の真実

06 世界を牛耳るイギリス・ヴィクトリア女王

07 なぜドイツの帝国統一はヴェルサイユ宮殿で成立?

08 "足りないものは外国から"帝国主義の台頭

09 科学革命がもたらした思想の移り変わり

01 コーヒーがアメリカの独立を助けた？

17～18世紀、北米大陸に植民地を作ったのは、主にイギリスとフランスだった。植民地を巡り両国の衝突は続いた。

アメリカを巡り、イギリスとフランスは対立していたが、1763年のパリ条約の締結により英仏の植民地戦争は終了。フランスは撤退した。植民地に移住したのはイギリス本国で迫害を受けたピューリタンなど。パリ条約締結までは自治が認められていたが、長年の植民地戦争でイギリスの財政が悪化したため**植民地への課税が強化された**。自治権を無視し、負担を強いるイギリスに対し、植民地の反発は次第に高まっていった。

1763年のアメリカ

ピューリタンとは

イギリスのカルヴァン派新教徒のこと。清教徒とも呼ぶ。イギリス国教会の体制が完成すると、北米へ移住した。

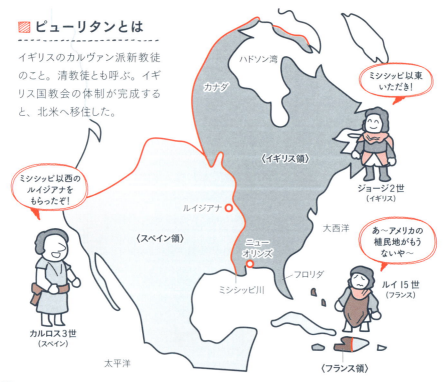

アメリカ独立戦争

植民地への反発は1773年のボストン茶会事件を契機に、植民地連合軍とイギリス軍が衝突してアメリカ独立戦争がはじまった。その頃、**在フランス大使のベンジャミン・フランクリン**は独立の支持を集め、フランスやスペインなどの支援を受けてイギリスを敗北へ追い込み、**1783年、パリ条約で独立を勝ち取った。**

このあたりのイギリス

02 イギリスでおきた市民革命と産業革命

国王による専制政治を終わらせた市民革命と、産業を大きく進化させた産業革命を通してイギリスの歴史をたどる。

ステュアート朝の国王がピューリタンを弾圧したことから、ピューリタンを中心とする議会派が国王に抵抗し革命に発展。国王は処刑された。その後、議会派の指導者クロムウェルが台頭するも、今度は国民の反発により王政が復活。以降、議会と国王の対立は長期化した。1688年、議会は当時の国王を追放し、メアリ2世とウィリアム3世を王として立憲王政を確立。無血となったこの革命は**「名誉革命」**と呼ばれている。

ピューリタン革命と名誉革命

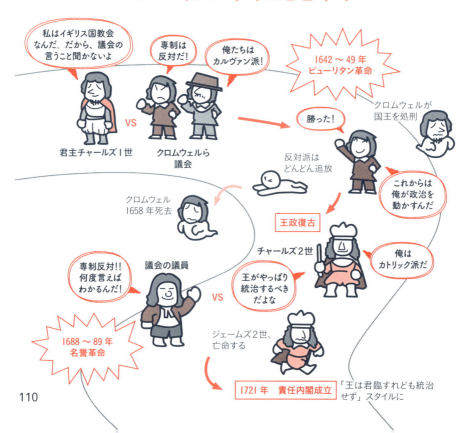

産業革命の流れ

毛織物で富を築いたイギリスだったが、17世紀後半にはインドからやってきた綿製品が爆発的に売れ、**国内でも綿織物の開発が進んだ**。18世紀後半には大量生産体制が築かれ、新しい機械、動力、技術などが生まれ、**産業革命へと発展**。19世紀には**蒸気機関車が発明され、自由貿易体制の頂点をきわめた**。

03 王朝が戦争をしすぎてフランス革命が勃発した？

英仏間の戦争が長期化した結果、国家財政を圧迫。
納税を強要された平民の不満は次第に高まった。

身分が三段階に分けられていた当時のフランス（第一身分＝聖職者、第二身分＝貴族、第三身分＝平民）。聖職者と貴族には様々な特権が与えられ税金も免除されたが、**政治的権利のない平民は多額の納税と貧困を余儀なくされた**。1789年、国王ルイ16世は各身分の代表者を集めて三部会を開くが、第三身分の平民が自らの権利を要求。さらに、不満を爆発させた民衆がバスティーユ牢獄を襲撃してフランス革命が勃発した。

フランス革命の流れ

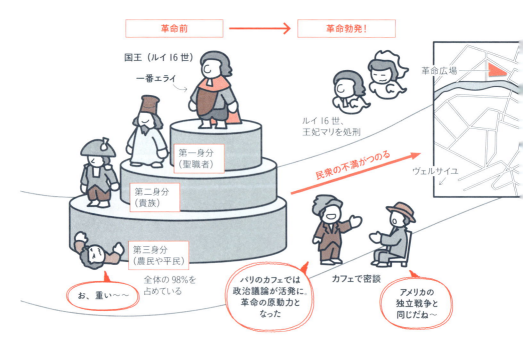

王朝の贅沢ぶり

贅をきわめたヴェルサイユ宮殿はルイ14世が造営。ルイ16世の王妃マリ・アントワネットの派手な浪費も国民を苦しめたとされるが、実際は戦費のほうがはるかに財政を圧迫した。

自由、平等、友愛という理念の誕生

不平等を強いられていた平民が王政を打倒し、国民には自由と平等があると説いた「人権宣言」を樹立した。革命時に「自由、平等、友愛」というスローガンが掲げられたが、ウィーン体制下で衰退。1848年の革命時に復活し、1958年の憲法でも明記された。

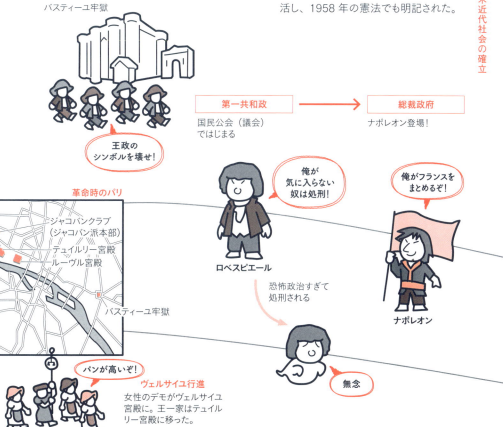

1789年8月、平民中心の国民議会は人権宣言を採択。4年後には国王ルイ16世と王妃マリ・アントワネットが処刑された。その間に**革命側のロベスピエールが独裁者となり反対派を処刑する恐怖政治を敷く**が、1794年に失脚。その後も混乱した情勢が続く中、**ナポレオンが登場してフランス革命は終結した。**

04 ナポレオンの野望と挫折の軌跡をたどる

フランス革命軍で活躍し名声を得たナポレオン・ボナパルト。
司令官として各国へ遠征しフランスの領土を拡大した。

フランス革命にはヨーロッパ各国も警戒を強め、戦乱を招いた。そこに登場した軍人ナポレオンは、**対仏大同盟との戦いに勝利しては****フランス領土を広げた**。イタリア遠征ではオーストリアに勝利。しかし、1799年のエジプトを巡るアブキール湾の戦いでイギリスに敗戦。この危機を乗り切るため、帰国後のナポレオンは軍事だけでなく政権も握るべくクーデターをおこし、**1804年、国民投票で初の皇帝となった**。

ナポレオンの台頭

青二才に負けるもんか！イギリス海軍は強いのだ
ネルソン（イギリス）

⑦ 1815年 ワーテルローの戦い（英普など連合軍に敗北→退位）

⑥ 1813年 ライプツィヒの戦い（普墺露スウェ連合軍に敗北→エルバ島へ配流に）

③ 1804年 皇帝に即位

① 1796年～ イタリア遠征（オーストリアに勝利）

④ 1805年 トラファルガー沖の海戦（ネルソンに敗北）

⑧ 配流先のセントヘレナ島にて52歳で死去

イギリス / オランダ / パリ / フランス / プロイセン / ライン同盟 / オーストリア / スペイン / エルバ島 / イタリア / セントヘレナ島 / モロッコ / 地中海

権力を増大させたナポレオンだが、1812年のロシア遠征で敗退。支配下にあった各国も反旗を翻し、フランスは孤立する。ナポレオンはセントヘレナ島に流されて生涯を終えた。しかし、フランス革命の理念をヨーロッパ各国に広めたのがナポレオン戦争だった。**自由・平等の考えは後の「国民主義運動」の礎ともなっている。**

戴冠式の絵画に隠されたメッセージ

本来ならローマ教皇から冠を授かるが、ナポレオンは自らが妻ジョセフィーヌにかぶせるシーンを絵画にし、人民のための皇帝であることを表現した。

05 「会議は踊る」って何? ウィーン体制の真実

ナポレオン戦争終結後、ヨーロッパ各国の代表が集い国際会議であるウィーン会議を開催。しかし……。

各国の利害が対立してまとまらず、舞踏会ばかり開いていたことから「**会議は踊る、されど進まず**」と揶揄されたウィーン会議。しかし、フランス代表のタレーランが唱えた、ヨーロッパをフランス革命前の正統主義に戻すという「**ウィーン体制**」が決定。フランスではブルボン王朝が復活した。ところが、世の中にはすでに自由主義、国民主義が広がっており、各国でウィーン体制に反発する運動が激化し、衝突がはじまった。

またしてもフランスで革命!

■ 二月革命

参政権を求める民衆が政府に反発してパリを制圧。国王ルイ・フィリップを失脚させ、2月25日に共和国宣言をした。

■ 七月革命

ブルボン王朝の国王シャルル10世の絶対王政を倒し、ルイ・フィリップを新王として立憲君主政を確立した。

あちこちに革命を誘発!?

七月革命はイタリアの統一運動やベルギー、ポーランドの独立革命などへ飛び火。二月革命はドイツ、チェコ、イタリアなどの独立・統一運動に影響し、ウィーンの反政府運動でウィーン会議を主導したオーストリア外相メッテルニヒは失脚。**ウィーン体制は終焉を迎えた。**この革命は欧州全土に広がり、**「諸国民の春」**と呼ばれた。

06 世界を牛耳るイギリス・ヴィクトリア女王

イギリスがもっとも繁栄した時代に弱冠18歳で即位したヴィクトリア女王。63年にわたって統治した。

産業革命を成し遂げて偉大な富を築き、「**世界の工場**」として絶頂期を迎えたイギリス。ヴィクトリア女王の治世下で経済力と軍事力をきわめた国の姿は「**パクス・ブリタニカ**」と呼ばれ賞賛された。国をまとめ上げたヴィクトリア女王は、彼女を支えた夫の死後10年ほど表舞台から姿を消すが、やがて復活。9人の子ども達を各国の王室と結婚させ、その影響力をヨーロッパ全土のみならず世界にとどろかせた。

パクス・ブリタニカ

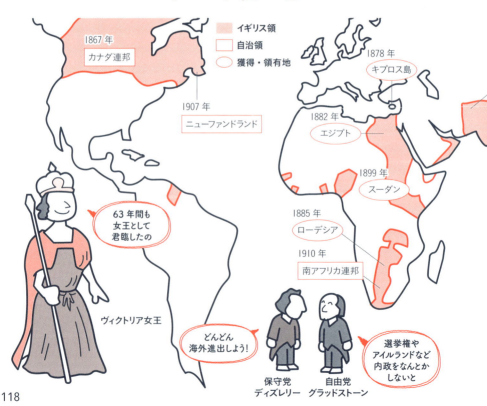

ヴィクトリア女王が先導するイギリスは、アヘン戦争で清（中国）を開国させ、インドを制し、ロシアを抑え、アジアやアフリカに植民地を広げ**世界を牛耳る大帝国となった**。内政では、帝国主義の保守党と自由主義の自由党による**二大政党制を確立**。情勢は安定するが、19世紀後半には製造業に陰りが見えはじめる。

国内では頭を抱えつつ……

アイルランドとの確執

イギリスに併合されるも差別を受けたアイルランド。1937年に独立するが、イギリスに残った北アイルランドを巡り、今でも確執が続く。

拡大する参政権

選挙権は資産家だけに限られていたが、選挙法の改正により広く選挙権が認められるようになり、不平等も解消した。

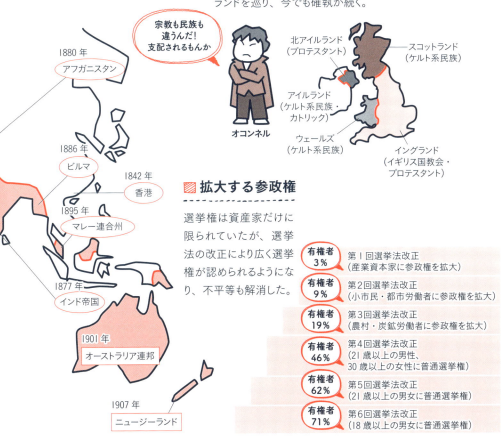

このあたりのドイツ

07 なぜドイツの帝国統一はヴェルサイユ宮殿で成立？

数々の領邦国家が存在し分立していた中世ドイツ。
周辺諸国の支配や干渉を受けながら統一を果たす。

ドイツの歴史は843年の東フランク王国にはじまる。中世以降は、神聖ローマ帝国がドイツ諸連邦を支配下に置いたが、フランスのナポレオンに征服されライン同盟が成立。1806年、神聖ローマ帝国は消滅するも、ナポレオンの自由主義改革は**ドイツ人の民族意識を呼びおこす結果に**。ウィーン会議後、ドイツは**35の君主国と4つの自由都市からなるドイツ連邦**になり、国民国家の形成はならなかった。

ドイツ統一まで

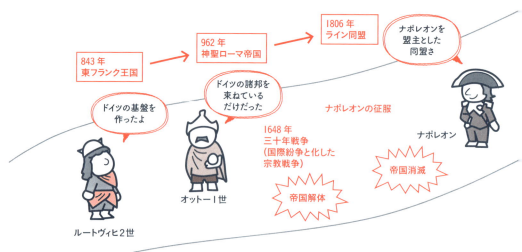

ドイツ連邦

1815年のウィーン会議後から、1866年の普墺戦争によって消滅するまで存在した連邦。35の君主国と4つの自由都市から構成された。

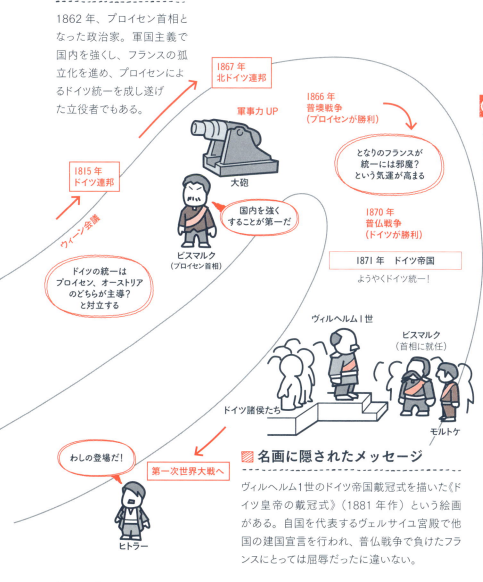

🔲 ビスマルク

1862年、プロイセン首相となった政治家。軍国主義で国内を強くし、フランスの孤立化を進め、プロイセンによるドイツ統一を成し遂げた立役者でもある。

🔲 名画に隠されたメッセージ

ヴィルヘルム1世のドイツ帝国戴冠式を描いた《ドイツ皇帝の戴冠式》（1881年作）という絵画がある。自国を代表するヴェルサイユ宮殿で他国の建国宣言を行われ、普仏戦争で負けたフランスにとっては屈辱だったに違いない。

徐々に**プロイセン王国を中心に**、統一への気運が高まっていくドイツ。ビスマルクが首相となり、**軍事力で統一を目指す「鉄血政策」を敷く**。1870年、ドイツ統一を阻むのはフランスだとし、ナポレオン3世に向けて普仏戦争をしかけて勝利を得る。そして翌年、フランスのヴェルサイユ宮殿でドイツ帝国統一を宣言した。

このあたりのヨーロッパ、アジア

08 "足りないものは外国から" 帝国主義の台頭

産業革命で繁栄を遂げたヨーロッパ各国だが、1870年代に大不況が訪れた。これを機に帝国主義へと舵が切られた。

帝国主義とは、ヨーロッパの資本主義列強がアジアやオセアニアなどを植民地化し、輸出先や投資先を拡大して国力を上げる政策のこと。それは、大不況を切り抜けるための手段であり、庶民の政府への不満をそらすための策でもあった。**現地の抵抗や反乱に遭いながらも強大な軍事力で侵攻し**、イギリスはインドやオセアニアを、フランスはインドシナを、オランダはインドネシアを支配するといった勢力図ができ上がっていった。

世界を分割する帝国主義

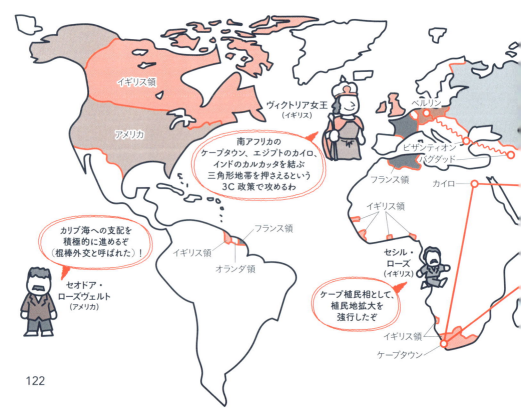

帝国主義列強の思惑が複雑に絡み合い、20世紀初頭には三国同盟（独伊墺）と三国協商（英仏露）が組織され、**バルカン半島で衝突するようになる。**サライェヴォでセルビアの青年がオーストリア皇太子夫妻を暗殺したことをきっかけに、オーストリアがセルビアに宣戦布告し、**第一次世界大戦となった。**

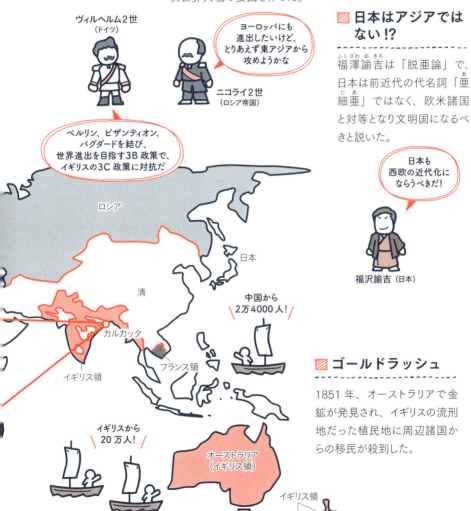

ニコライ2世

ロマノフ朝最後の皇帝で、日露戦争、第一次ロシア革命を引きおこし、第一次世界大戦の要因も作った。

日本はアジアではない!?

福澤諭吉は「脱亜論」で、日本は前近代の代名詞「亜細亜」ではなく、欧米諸国と対等となり文明国になるべきと説いた。

ゴールドラッシュ

1851年、オーストラリアで金鉱が発見され、イギリスの流刑地だった植民地に周辺諸国からの移民が殺到した。

06 欧米近代社会の確立

09 科学革命がもたらした思想の移り変わり

二人の哲学者が17世紀に唱えた二つの思考法は、近代の科学、哲学の基礎となり、産業革命の発展に影響を与えた。

イギリスの哲学者フランシス・ベーコンは、実験と観察をもとに一般法則を導き出す「帰納法」を提唱。一方、フランスの哲学者ルネ・デカルトは、論理を発展させて合理的に結論を得る「演繹法」を説いた。これらの思考法は**「科学革命」**と呼ばれ、**生物学、物理学、天文学、地球科学など近代自然科学の発展に大きな功績を残した。**この思想によって技術力も大幅に進歩し、**産業革命がおこる礎を築いた。**

2人の哲学者と科学革命

カール・マルクス
19世紀にドイツで社会主義思想を体系化した思想家。資本主義の矛盾を明らかにした『資本論』などが有名。

06 欧米近代社会の確立

ヨーロッパに共産党主義という幽霊が出るぞ

社会契約説を巡って……

資本主義への懐疑 19世紀

キリスト教的価値観を否定するのだ

トマス・ホッブス
人間は平等な自然権を有しているが、自然状態では「万人の万人に対する闘争」になるため、主権を国家に委託すると考える。

人間は自然で未発達だ

ニーチェ
ドイツの哲学者で実存主義の先駆者。「神は死んだ」としてキリスト教的道徳への批判を行った。

人間は利己的だ

ルソー
フランスの啓蒙思想家。社会契約説に基づき、封建社会・絶対王政を批判。市民革命に影響を与える。

啓蒙思想が盛んに

人間は理性的だ

貴族のサロンで自由に討論できていいね！

ジョン・ロック
ホッブスの唱えた社会契約説を発展させ、人民の抵抗権・革命権を主張し、立憲君主政の理論を唱えた。

サロンで『百科全書』を編んだ

『百科全書』がフランス革命を導いた？

中世のキリスト教世界観ではない、経験論にのっとった知識の体系化を図った辞書。1751～80年にかけ発行された。購買層は新興のブルジョワ階級で、フランス革命の推進派となった。

科学革命は、社会科学や人文科学にも広がった。18世紀の啓蒙思想家たちは、**人間の理性に基づいた社会契約論を唱え**、人類の明るい未来を信じた。しかし、19世紀後半には貧困などの社会問題から人間の理性に疑問が生じ、資本主義社会や西欧のあり方、**国家権力などを批判する悲観的な思想**が誕生した。

125

column NO.06

「かわいい〜」を生んだフランス王妃

マリ・アントワネットがもたらした文化

　国税を浪費して贅沢三昧の生活を送り、フランス革命を引きおこした人物として悪名高きルイ16世の妃マリ・アントワネット。断頭台の露と消えた彼女だが、現在にまでつながる数々の文化をもたらした立役者としての一面は見逃せない。

　彼女は貝殻や植物の葉などを繊細優美にあしらった「**ロココ美術**」の発信源だった。頭に鳥かごや軍艦などを盛るといった奇抜なヘアスタイルを発信し、ファッションリーダーとして活躍。各国の貴族に影響を与えた。とことんオシャレにこだわり、自分でドレスのデザインもするし、平民出身のデザイナーも起用した。ちなみに、この時のデザイナーが**オートクチュールの走り**。

　バラやハーブなどの香水を使いはじめたのも彼女。クロワッサンやクグロフなどの食べ物をフランスに持ち込み、フランスの食文化を発展させたのも彼女。昨今、女性を中心にマリの「かわいい〜」面が見なおされているのも頷ける。

Chapter 07

『アジアの変動』

欧米諸国が海外領土を目指して
争い、アジアが分割されていった
時代だよ。「眠れる獅子」として恐
れられた中国が日本に敗北して
からは、その勢いはさらに加速

section

01　ヨーロッパより早く大航海を成した明王朝

02　日本とアメリカの銀が世界経済を支えた

03　おさげ髪で中国を統一？　清王朝と満州族とは

04　ヨーロッパを魅了した中国と日本の陶磁器

05　"アジア最強"の中国がイギリスに負けるとは！

06　中国没落をきっかけに植民地化されていくアジア

07　アジアのリーダーが大国・中国から小さな国・日本へ

08　皇帝制の終焉と中華民国の成立

ヨーロッパより早く大航海を成した明王朝

最後の漢民族の王朝である、明。貧農出身の男が建国し、ヨーロッパより先に大海に乗り出した王朝だった。

14世紀に入ると元の力が衰え、国内で反乱がおきるように。白蓮教徒による紅巾の乱の指導者の一人・**朱元璋（洪武帝）**が都を陥落させて、1368年に明王朝を建てた。第3代皇帝の永楽帝は世界に明への朝貢を呼びかけるため、イスラーム教徒の宦官・鄭和に艦隊による遠征を命じた。遠征は7回行われ、インド、アラビア半島、東アフリカにまで到達。明はヨーロッパより1世紀も早く大航海を行っていたのだ。

鄭和の遠征航路

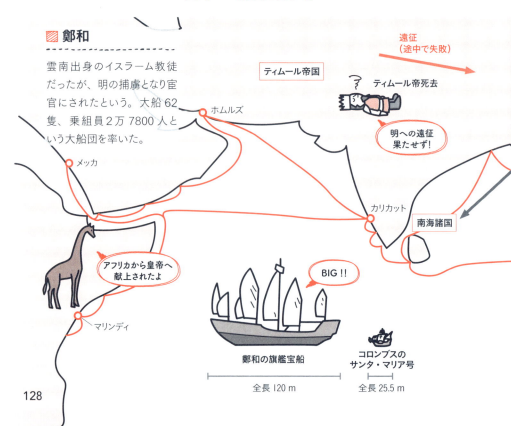

鄭和

雲南出身のイスラーム教徒だったが、明の捕虜となり宦官にされたという。大船62隻、乗組員2万7800人という大船団を率いた。

豊臣秀吉の朝鮮出兵に対抗するため明は朝鮮に援軍を送るが、この費用が財政を圧迫。国内では他にも乱がおき、1631年の李自成による乱で止めを刺されて、明は1644年に滅びた。李自成は大順という国を建てようとするが、中国東北地方の満州族の清に倒され、**清王朝が新たな中国の支配者となった**。

勘合貿易

明と室町幕府との間で交わされた朝貢貿易。倭寇と区別するために勘合符が使われたことから、この名が付いた。

なぜ秀吉は朝鮮に出兵したのか？

豊臣秀吉は明進出を見据えて、2回朝鮮に出兵した。その動機には諸説あり、スペインより先に明を攻めようとしたというものもある。

07 アジアの変動

02 日本とアメリカの銀が世界経済を支えた

戦国時代〜江戸時代初期の日本は世界有数の銀産出国で、その銀は世界の経済に大きな影響を与えた。

大航海時代によって世界が経済的につながり、世界最大の銀山であるボリビアのポトシ銀山や**日本で産出された銀が世界中で流通した**。スペインが行ったマニラ〜アカプルコの貿易では、新大陸の銀と絹織物、陶磁器などが交換された。17世紀、オランダは明の生糸を日本で銀と交換。**この銀を使って明や東南アジアで絹織物、陶磁器、香辛料などを買い、ヨーロッパで高値で売りさばいて大儲けした**。

銀で一つにつながる世界

南蛮貿易
ポルトガル船やスペイン船と日本との貿易。日本は鉄砲、火薬、中国の生糸などを輸入し、銀などを輸出した。

倭寇の出現
中国近海を荒らした中国人を主体とした海賊。13世紀頃から出現したが、明が海禁政策をとったため、私貿易集団の性格も強め活動が活発になった。

③ヨーロッパで絹織物や陶磁器、香辛料を売り利益を上げる。

中国にもキリスト教を広めよう（宣教師も東西を移動）

マテオ・リッチ

アメリカ大陸と日本の銀は世界経済に多くの影響を与えた。大量の銀が流入した明では、**税金を銀で納める一条鞭法という制度が作られた。**ヨーロッパでは銀の流入が、貨幣価値の下落と急激な物価上昇をもたらした。この価格革命で、領地の地代を収入源にしていた**封建制度の領主たちは没落していった。**

■ キリスト教宣教師も移動

キリスト教の宣教師も明へ多くわたった。中でもマテオ・リッチは早くから活動した。ただ、はじめは苦心し、10年間に200人しか信者を得られなかったようだ。中国最初の世界地図「坤輿万国全図」作成など、西洋の科学技術を多く紹介した。

■ 日本の銀

16世紀から、ポトシ銀山の開発でメキシコ産の銀が増大。それらはスペイン銀貨と呼ばれる。17世紀、日本は世界有数の銀産出国で、世界で流通する銀の約1/3は日本産だった。島根の石見銀山は年間最大38トンも銀を産出した。

07 アジアの変動

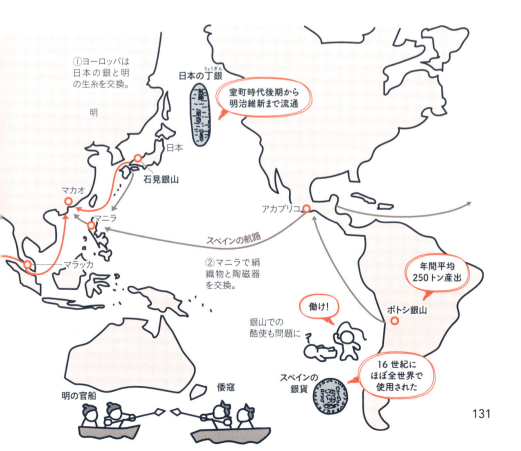

03 おさげ髪で中国を統一？清王朝と満州族とは

中国最後の王朝となる清は、漢民族ではなく、"おさげ髪"のような辮髪で知られる満州族が建てた。

明が朝鮮で豊臣秀吉の軍と戦っていた頃、中国の東北地方では満州族の統一が進み、**ヌルハチが後に清王朝となる後金国を建てる**。清は明を倒した李自成を北京から追い出し、中国を支配した。初代皇帝のヌルハチから清の時代がはじまり、第4代の康熙帝の時に中国全土を制圧。康熙帝を含めて、第5代の雍正帝、第6代の乾隆帝の治世で史上最大の中華帝国を築き上げ、「**清の平和**」といわれるほどの最盛期を迎えた。

"清の平和"訪れる

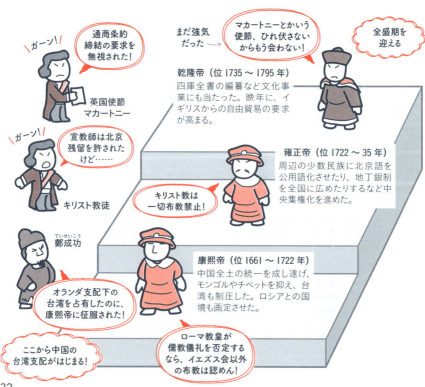

清の支配領域

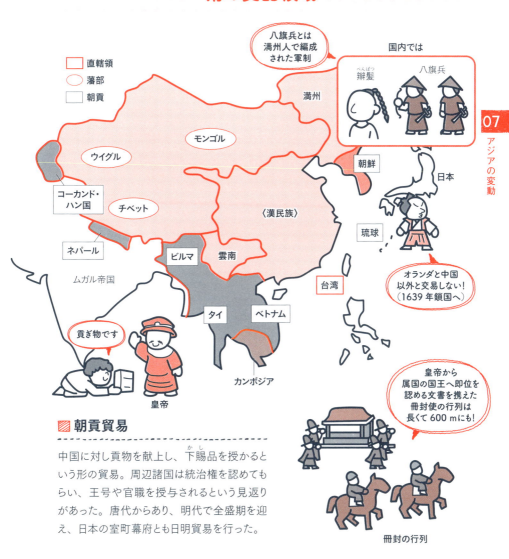

朝貢貿易

中国に対し貢物を献上し、下賜品を授かるという形の貿易。周辺諸国は統治権を認めてもらい、王号や官職を授与されるという見返りがあった。唐代からあり、明代で全盛期を迎え、日本の室町幕府とも日明貿易を行った。

剃り残した長い髪を編む「辮髪」で知られる満州族によって作られた清は、辮髪を（僧侶と道士を除く）漢民族の男性に強要。しかし、科挙によって漢民族も官僚として採用し軍事を除く要職につける他、**減税などの懐柔策も実施して、漢民族を巧みに支配した**。この清が中国における最後の王朝となった。

04 ヨーロッパを魅了した中国と日本の陶磁器

中国と日本の美しい陶磁器は東西交流の中で
ヨーロッパにも持ち込まれて大きなブームを巻きおこした。

東西間の貿易によってヨーロッパに持ち込まれた**中国と日本の美術品や工芸品は高い人気を獲得した**。また、宣教師などが伝える東洋の文化も人々の関心を高めた。中国的な要素を美術や建築に取り入れる「**シノワズリ**」は18世紀から、同じく日本趣味の「**ジャポニスム**」も**19世紀後半からヨーロッパで流行**。儒学がドイツのライプニッツやフランスのヴォルテールに影響を与えるなど、思想の面でも東洋が西洋に影響を与えた。

陶磁器の道

東洋の陶磁器の中でも、特に**中国の景徳鎮で作られた磁器は注目された**。中国産の陶磁器が広く知られたため、磁器はヨーロッパで「チャイナ」と呼ばれることもある。日本の磁器では伊万里焼が人気を獲得した。陶磁器はインド洋など海上で運ばれたが、**そのルートは「陶磁器の道」とも名付けられている**。

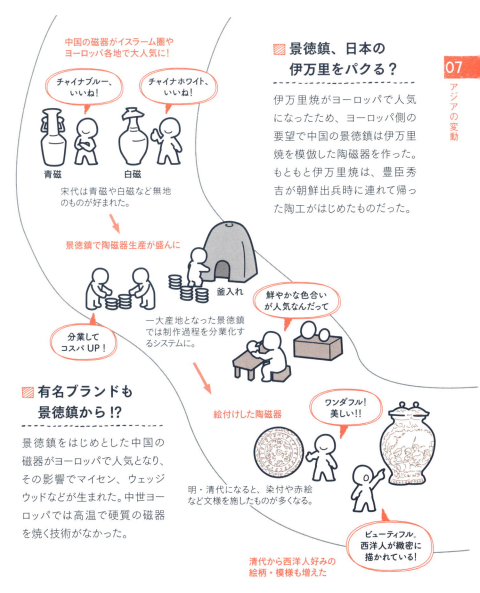

05 "アジア最強"の中国がイギリスに負けるとは！

世界有数の大国だった清だが、イギリスとの戦いに破れたことで、中国王朝の時代は終わりに近づいていく。

茶の消費量が増加したイギリスは、清から茶などを輸入し、綿織物などのイギリスの製品をインドに輸出し、インド産のアヘンを清に輸出した。この**三角貿易によってイギリスは利益を上げた**が、清国内では麻薬であるアヘンのせいで風紀が乱れた。清はアヘンの輸入を禁じて取り締まりを行った。これに反発したイギリスとの衝突がおき、**1840年にアヘン戦争が勃発**。近代的な軍艦で圧倒したイギリスが勝利した。

アヘン戦争勃発まで

三角貿易に

19世紀、イギリスは中国、インド（東インド会社）と3つを結んで貿易を行う。インドから綿花を仕入れ、綿製品を売る。中国から茶を仕入れ、中国にはインドからアヘンを輸出。中国からイギリスへ銀を輸出させた。

片貿易

イギリスと中国の貿易ははじめ、中国の茶をイギリスが銀で交換するというものだった。

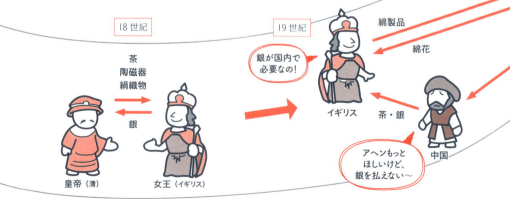

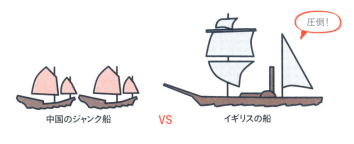

アヘン戦争で清は敗北。香港島をイギリスへ譲渡し、以後、イギリスの植民地化が進むことに。

1840年　アヘン戦争
中国のアヘン摘発に抗議したイギリス側が広州を攻撃。

07 アジアの変動

中国の銀が大量に流出し、中国経済は大打撃

清がアヘン中毒者だらけに！
働かない〜

生意気だ！
女王（イギリス）激怒！

アヘンを中国へ？
インド
アヘン

林則徐（りんそくじょ）
風紀の乱れもはなはだしい！アヘン没収だ!!

片貿易時代との違いは？

二国間でどちらかが輸出超過か輸入超過に偏った状態を「片貿易」と呼ぶが、イギリスは清からの茶の輸入で貿易赤字となっていた。これを解消しようとアヘンを清に輸出した。

アヘン戦争に負けた結果、清は南京（なんきん）条約をイギリスと結び、賠償金の支払い、**香港島の割譲、上海や広州などの開港を受諾**。さらには1856年には英仏連合軍と清とのアロー戦争が勃発。**敗れた清は天津（てんしん）などの開港、九龍（クーロン）半島南部のイギリスへの割譲などを認めた**。アヘン戦争は列強国が中国に侵出する足がかりになったのだ。

137

06 中国没落をきっかけに植民地化されていくアジア

イギリスとの戦いに敗れたことで、清の衰えは明らかになり、周辺のアジア諸国も植民地化されていった。

アヘン戦争とアロー戦争に清が破れたことで、**19世紀後半にはアジアの植民地化が進んだ**。1858年のフランスとベトナムの仏越戦争ではフランスが勝利。サイゴンなどがフランスに割譲された。ベトナムを巡っておきた1884年の清仏戦争で、ベトナムはフランスの支配下に置かれた。東アジア以外では、**1857年のインド大反乱の鎮圧後、1858年にムガル帝国が滅亡し**、イギリスがインドを直接支配することになった。

アジアにおける植民地化

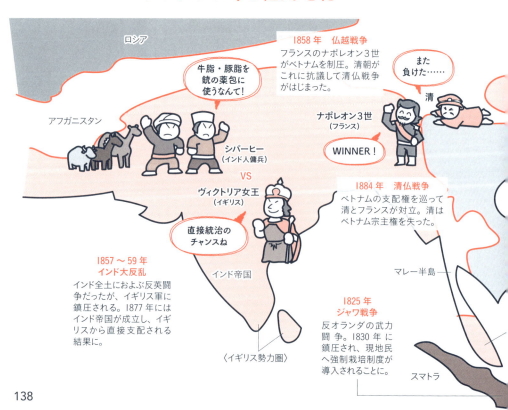

中央アジアでもそれまで**清に朝貢していた国々がロシアの支配下に入る**など、清の力は目に見える形で失われていった。また、フィリピンはスペインに支配されていたが、1898年のアメリカとスペインの米西戦争によってスペインの統治は終わったものの、翌年からの米比戦争に破れてアメリカの植民地となった。

黒船来航とペリー

1853年、ペリー率いるアメリカ合衆国の蒸気船が来航。外国船＝黒船という呼び方はペリー来航以前から使われていたもの。

日本の開国

鎖国していた日本だが、アメリカのペリーの来航をきっかけに1854年に日米和親条約を結んで、鎖国体制は終わった。

07 アジアの変動

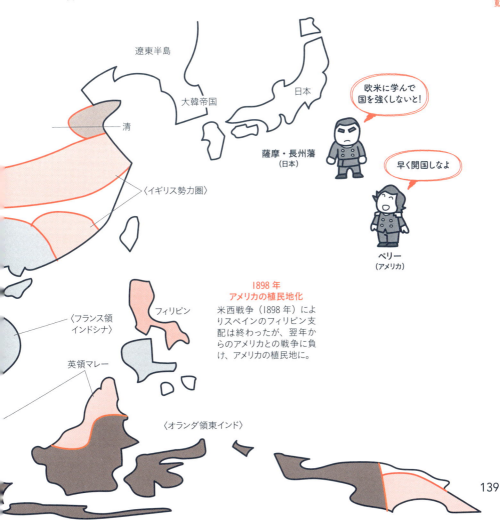

1898年 アメリカの植民地化
米西戦争（1898年）によりスペインのフィリピン支配は終わったが、翌年からのアメリカとの戦争に負け、アメリカの植民地に。

このあたりの中国、日本

07 アジアのリーダーが大国・中国から小さな国・日本へ

清の権威の失墜をはっきりと目に見える形で示したのが、大国・清と新興国・日本との戦いだった。

対英戦争に負けてアジアのトップの座から落ちはじめた清だが、**決定打となったのは日清戦争**だった。1894年、朝鮮で大規模な農民の反乱（甲午農民戦争）が発生。朝鮮政府は鎮圧できず清に出兵を要請。日本も自国の公使館を守る名目で出兵する。農民軍は鎮圧されたが、朝鮮から撤兵しなかった日本軍と清軍が衝突し、日清戦争が開戦する。**日本軍は歩兵用の村田銃なども使用し、優勢な軍事力で勝利を収めた。**

朝鮮を巡る日清の争い

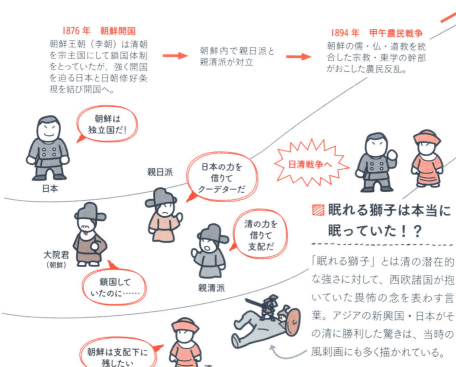

1876年 朝鮮開国
朝鮮王朝（李朝）は清朝を宗主国にして鎖国体制をとっていたが、強く開国を迫る日本と日朝修好条規を結び開国へ。

朝鮮内で親日派と親清派が対立

1894年 甲午農民戦争
朝鮮の儒・仏・道教を統合した宗教・東学の幹部がおこした農民反乱。

眠れる獅子は本当に眠っていた！？

「眠れる獅子」とは清の潜在的な強さに対して、西欧諸国が抱いていた畏怖の念を表わす言葉。アジアの新興国・日本がその清に勝利した驚きは、当時の風刺画にも多く描かれている。

朝鮮を巡る争いにロシア乱入!?

租借地とは

他国の領土の一部を借り受けて、統治権などを行使する土地。実質上の割譲と変わらない。日清戦争の賠償金支払いを援助したドイツは膠州湾を租借地にして青島を建設。

勝利した日本は遼東半島、台湾、澎湖諸島と賠償金を得る。だが、ロシア、ドイツ、フランスが遼東半島を清に返還するように勧告し、日本もこれを飲んだ。この後、ロシアは旅順租借地を獲得するなど、**列強が清で利権を争う状態になる**。清は朝鮮の宗主権を喪失したばかりか、半植民地の状態に。

08 皇帝制の終焉と中華民国の成立

様々な戦いに負けた清がついに終焉の時を迎えた。
だが、中華民国の内政も安定しなかった……。

1900年に中国で、列強の侵出に反対して民衆が蜂起する**義和団事件が発生**。清政府も列強に宣戦布告するが、日・英・米・露・独・仏・伊・墺の連合軍に敗北。清の弱体化が進む中、孫文が1905年に東京で「漢民族による共和制中国を作る」ことを目指した**革命結社の中国同盟会を結成**。清に反発する軍隊のもとで1911年に辛亥革命がおきた。**1912年1月に南京で孫文によって中華民国の建国が宣言された。**

辛亥革命がおこるまで

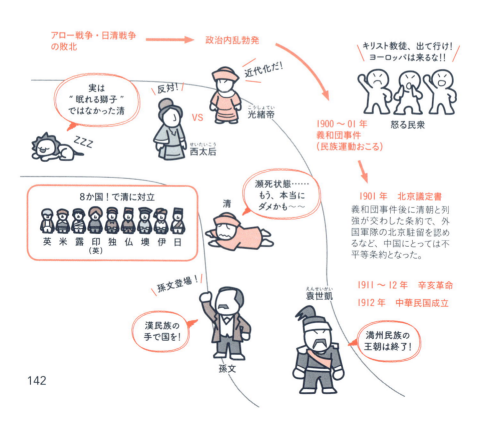

日清戦争から日露戦争へ

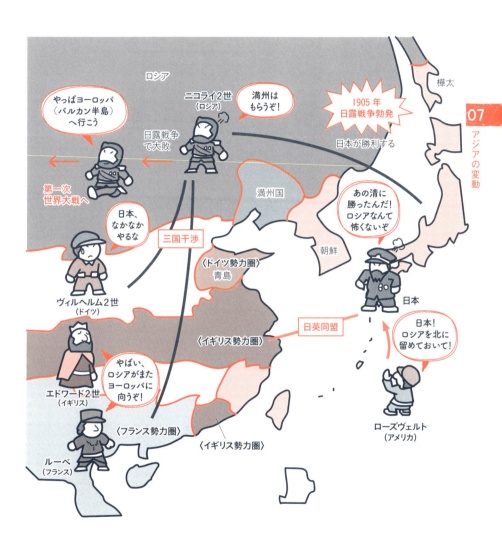

孫文の宣言の時点では清は滅亡していなかった。翌月、孫文は清の代表の袁世凱と話し合い、清の解体を条件に袁に大総統の座を譲り、清は消滅した。だが、**袁は独裁をはじめ（孫文は日本へ亡命）、後に撤回するが皇帝即位宣言までしてしまう。** 1916年の袁の死後は**軍閥が各地を割拠し、国は分裂状態となった。**

column　NO.07

東南アジア で植民地化されなかった国は？

英仏の緩衝地帯となったタイ

　アジアで植民地にならなかったのは日本とタイだけ。なぜ、タイは東南アジアで植民地化を免れたのだろうか。

　インドネシアの植民地化は19世紀に、オランダによって進展。イギリスの植民地経営はインドにはじまり、1886年にはビルマ、1895年にはマレーシアを征服。フランスは1863年にカンボジア、1885年にベトナム、1899年にラオスを植民地化。タイの西方はイギリス、東方はフランスがかため、両国はタイを挟んでにらみ合ったが、両国が衝突を避けたため、**タイはどちらからも侵略を受けることがなかった**。

　また、1782年におこった王朝の国王ラーマ4世（1851年即位）が中国への朝貢をやめ、欧米諸国と交易をすることで主権を守った。続くラーマ5世も中央集権国家を築き、外国からの魔の手を上手に遮った。このように**外交を巧みに操れた国王がいた**ことも、独立を守れた理由だったのだ。

Chapter 08

第一次世界大戦と アメリカの台頭

19〜20世紀にかけて世界は帝国主義の時代に突入。ヨーロッパ各国の勢力圏拡大を巡る争いはヒートアップして、第一次世界大戦を引きおこすことに……

section

01　ロシアが南下するのは冬の厳しさ故だった

02　バルカン半島はなぜ「ヨーロッパの火薬庫」?

03　ヨーロッパが二分に!　第一次世界大戦勃発

04　民衆が革命をおこしソヴィエト政権は生まれた

05　イスラーム世界の混乱はイギリスの三枚舌外交から

01 ロシアが南下するのは冬の厳しさ故だった

不凍港を必要としたロシアは地中海を目指す。
ヨーロッパ諸国はロシアの勢力拡大を警戒した。

北の大国ロシアは**外国進出のために冬に海が凍結しない港を必要としていた**。不凍港を求めて南下政策をとったロシアは**地中海を目指してオスマン帝国を攻めた**。ロシアは東アジアにも進出している。アロー戦争後に清と英仏の間をロシアが仲介したことの報酬として**北京条約を結び、沿海州を獲得した**。1891年にはシベリア鉄道の建設を開始し（1905年に全線開通）、1896年には清から清国内の鉄道の敷設権を獲得している。

凍らない港がほしくて南下

ロシアとオスマン帝国を巡る領土問題やバルカン半島の民族独立運動を**東方問題と呼ぶ**。ロシアを警戒したヨーロッパ諸国は、1853年のクリミア戦争でもロシアを撃退。1877年の露土戦争でロシアがオスマン帝国に勝利した際も、ベルリン会議でロシアが獲得する利権が縮小され、**ロシアの南下は阻止された**。

クリミア戦争

ロシアがイェルサレム管理権を要求してオスマン帝国、イギリス、フランス、サルデーニャの連合軍と戦った。1853年に勃発し、ロシアが敗北した。

露土戦争

1877年、ロシアはスラヴ民族の独立支援と称して、オスマン帝国と戦い勝利した。バルカン半島諸国は独立へ。

ベルリン会議

露土戦争後のバルカン半島を巡る諸国の利害の対立について話し合った。ドイツのビスマルクの提唱で開かれた。ロシアの利権は大幅に縮小させられ、再びバルカン半島方面の南下政策は挫折。

日露戦争

1904年におきた、満州と朝鮮を巡るロシアと日本の争い。日英同盟によりイギリスの支援を受けた日本が勝利し、大陸進出を促した。

08 第一次世界大戦とアメリカの台頭

02 バルカン半島はなぜ「ヨーロッパの火薬庫」?

第一次世界大戦前夜のバルカン半島は「ヨーロッパの火薬庫」状態。ある青年の銃弾がこの火薬庫を爆発させた。

バルカン半島は様々な民族と宗教が混在する土地で、露土戦争もバルカン半島のスラヴ人のオスマン帝国からの独立運動をロシアが利用したものだった。露土戦争後のベルリン会議を仲介したビスマルクは**ドイツ外交を主導していた**が、皇帝ヴィルヘルム2世によって失脚。ヴィルヘルム2世は積極的に外国に進出すべく、イギリスやフランスと対立する。独伊墺の三国同盟に対抗して英仏露は三国協商を結ぶことになった。

バルカン半島を巡る状況

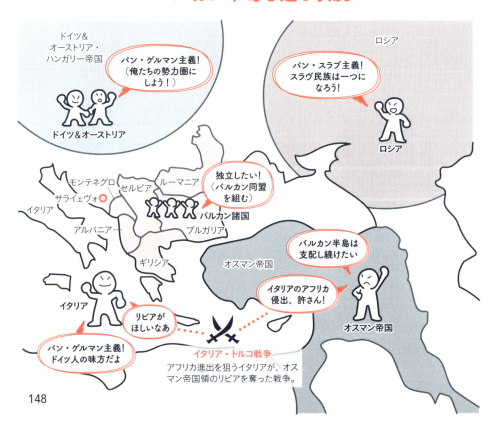

バルカン半島での緊張関係

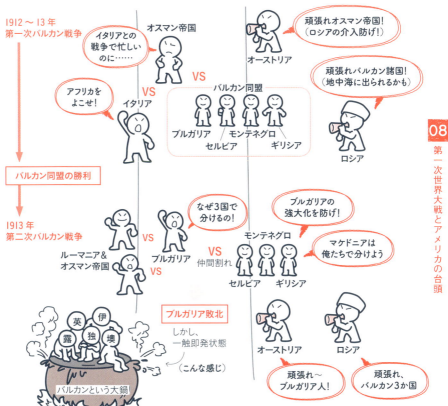

第一次バルカン戦争

オスマン帝国の弱体化を狙い、バルカン諸国が同盟を組んで領土拡大をもくろんだ戦争。ロシアはバルカン同盟を、オーストリアはオスマン帝国を支援した。

第二次バルカン戦争

バルカン同盟は第一次バルカン戦争に勝利し、バルカン半島からオスマン帝国の領土はほぼ消失。しかし、今度はその領土を巡ってブルガリアと周辺国が対立。敗北したブルガリアは独墺に接近する。

バルカン半島のボスニア・ヘルツェゴビナはベルリン会議（1878年）の結果、**オーストリアの施政下に**。民族意識の高まりを危惧したオーストリアは**ボスニア・ヘルツェゴビナを併合（1908年）する**が、これがセルビア人の反発を買い、1914年にセルビア人青年がオーストリア皇太子夫妻を射殺するサライェヴォ事件が発生した。

03 ヨーロッパが二分に！第一次世界大戦勃発

ヨーロッパだけでなくアメリカや日本など文字通り世界中を巻き込んだ第一次世界大戦は、どのようにしてはじまったのか？

サライェヴォ事件を受けて1914年7月28日にオーストリアがセルビアに宣戦布告。**オーストリア側の三国同盟とセルビアを支援するロシア側の三国協商は対立し、協商側27か国（連合国）と同盟側4か国と多くの国を巻き込んで第一次世界大戦へと発展した。各国とも総力を尽くす戦いとなり、飛行機、戦車、毒ガスといった新兵器もはじめて使用された。** ドイツは短期決戦を狙うが、予想を超えて戦いは長期化した。

ヨーロッパと日米の緊張関係

三国協商
イギリス・フランス・ロシア三国の同盟。1894年の露仏同盟、1904年の英仏協商、1907年の英露協商を経て成立。

ロシア牽制のため日本と同盟組んだが、ドイツの動きが気になるぞ

独墺とバルカン半島で衝突

イギリス　3C政策　3C政策　ドイツ

モロッコ事件

オーストリア・ハンガリー帝国

領土争い

史上初の総力戦

男性が徴兵されてしまったため、女性が国内で貴重な労働力に。このことが戦後、女性の社会進出を促すことに。

フランス

イギリスに近づこう！

イタリア

オーストリアが"未回収のイタリア"を返してくれない

男が戦地へ行ってしまったので、女が働くしかない

三国同盟
ドイツ・オーストリア・イタリアの同盟。イタリアはオーストリアと対立して離脱し、ドイツ・オーストリアが第一次世界大戦の同盟国側陣営を形成した。

1917年にアメリカが連合国側に参戦して、勝利への影響を与えた。そこには、イギリスとフランスがアメリカから購入した兵器の代金をドイツからの賠償金で払うという約束があったため、アメリカが参戦したという事情があった。**イギリスと日英同盟を結んでいた日本も参戦し、中国や太平洋のドイツ権益を接収した。**

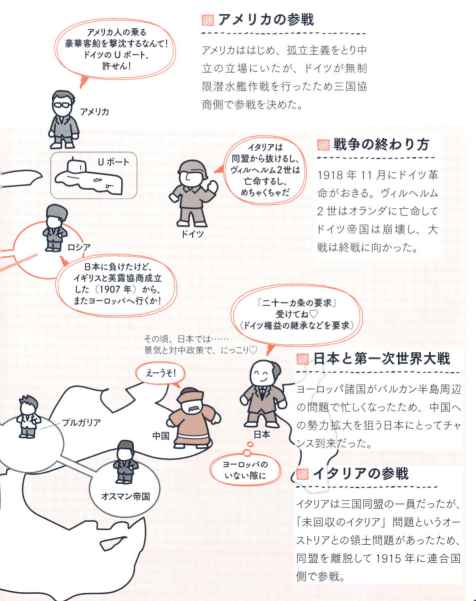

🟥 アメリカの参戦

アメリカははじめ、孤立主義をとり中立の立場にいたが、ドイツが無制限潜水艦作戦を行ったため三国協商側で参戦を決めた。

🟥 戦争の終わり方

1918年11月にドイツ革命がおきる。ヴィルヘルム2世はオランダに亡命してドイツ帝国は崩壊し、大戦は終戦に向かった。

🟥 日本と第一次世界大戦

ヨーロッパ諸国がバルカン半島周辺の問題で忙しくなったため、中国への勢力拡大を狙う日本にとってチャンス到来だった。

🟥 イタリアの参戦

イタリアは三国同盟の一員だったが、「未回収のイタリア」問題というオーストリアとの領土問題があったため、同盟を離脱して1915年に連合国側で参戦。

04 民衆が革命をおこしソヴィエト政権は生まれた

第一次世界大戦の末期、革命がおきる。その革命でロシア帝国は倒れ、世界で初となる社会主義国家が生まれた。

日露戦争下の1905年1月、ロシアの首都ペテルブルクで労働者達が自分達の窮状を皇帝ニコライ2世に訴えようとしたところ、**軍は労働者たちに発砲し多数の人々が虐殺された（血の日曜日事件）**。これをきっかけに国民の不満が爆発し、第一次ロシア革命が勃発。労働者の代表による評議会ソヴィエトが作られ、ニコライ2世は**十月宣言で国会を開設することを約束し**、ようやく革命は静まった。

ロシア革命おこる！

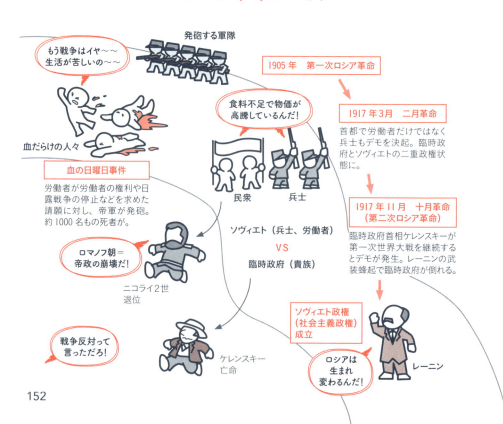

ロシア革命の影響

社会主義思想

資本主義の発展で生まれた不平等に対し、私有財産を撤廃して財産と生産手段を共有して平等な社会を作ろうという思想のこと。

ロシア革命のせいで日本で米騒動

各国はロシア革命に干渉し、日本もシベリアに出兵。出兵をあてこんで米の投機的買い占めが発生して米価が高騰し、民衆が暴動する米騒動に発展した。

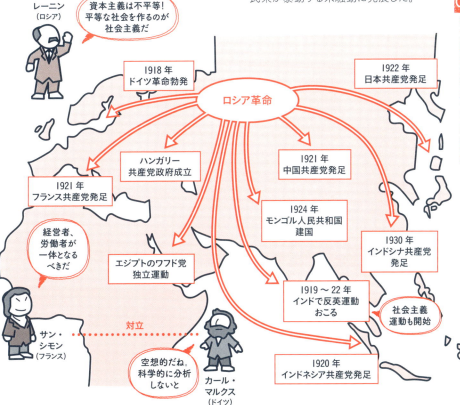

1917年に第一次世界大戦に対する反戦デモがおきる。鎮圧する側の軍隊も反乱をおこし、ついに**ロマノフ朝の支配は崩壊（二月革命）**。亡命先のスイスから帰国した革命家レーニン率いるボリシェヴィキが武装蜂起して、**ソヴィエト政権が成立した（十月革命）**。この革命の影響は世界におよび、各地に社会主義運動が派生した。

05 イスラーム世界の混乱はイギリスの三枚舌外交から

現在も続くパレスチナ問題は、第一次大戦中にイギリスとユダヤ人、アラブ人の間で行われた外交が原因だった。

第一次大戦中の1917年、イギリス外相バルフォアはユダヤ人財閥のロスチャイルド財閥に資金調達を頼む際に「パレスチナにユダヤ人郷土を作ることを支持する」と表明した（バルフォア宣言）。一方、バルフォア宣言の2年前にはイギリスはオスマン帝国と戦うアラブ人に対しては戦後の独立国家建設を承認していた（フサイン・マクマホン協定）。アラブ人の国の予定地にユダヤ人国家も含まれているという矛盾があった。

イギリスの外交は狡猾？

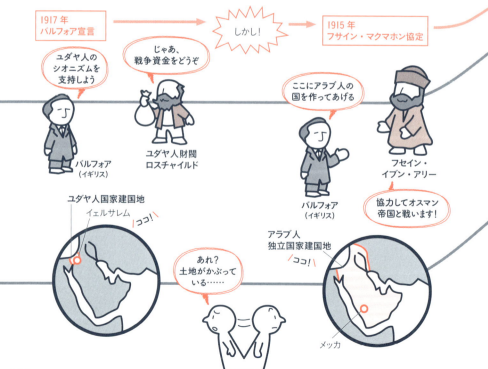

■ パレスティナ問題へ発展

ユダヤ人によるイスラエル建国、それを受けての中東戦争で生まれたアラブ系難民などのパレスティナ問題は、この時の三つの外交事情が原因となっている。

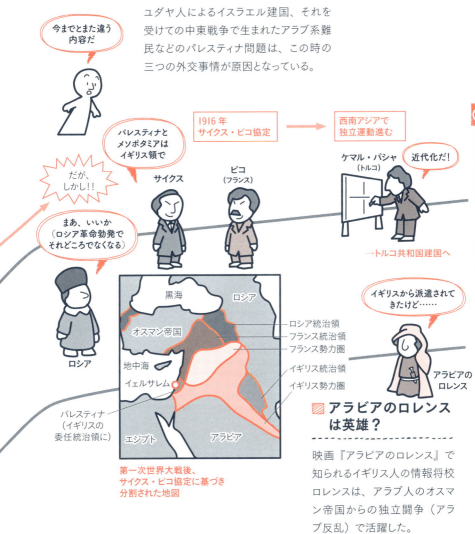

第一次世界大戦後、サイクス・ピコ協定に基づき分割された地図

■ アラビアのロレンスは英雄？

映画『アラビアのロレンス』で知られるイギリス人の情報将校ロレンスは、アラブ人のオスマン帝国からの独立闘争（アラブ反乱）で活躍した。

アラブ人に約束した1915年とユダヤ人に約束した1917年の間の1916年の時点で、イギリスは**フランス・ロシアとの間で「パレスティナとメソポタミアはイギリス領になる」という密約を結んでいた（サイクス・ピコ協定）**。結局、戦後、パレスティナはイギリスの委任統治領となったが、問題はここで終わらなかった。

column   NO.08

T型フォード車 が現代の生活様式の源?

自動車の大衆化が20世紀革命をもたらした

　自動車誕生は1769年で、これは軍の砲車だった。この時は蒸気自動車で、ガソリン自動車は1886年に生まれた。自動車の歴史を大きく変えたのは1908年、アメリカでのフォード車誕生だった。広大な国土を持つアメリカでは、馬車に替わる移動手段としてニーズが高まっていた。

　ヘンリー・フォードは1913年に**史上初の移動式組み立てラインによる生産方式を導入**。自動車の量産化が実現した。1910年には200人に1台という割合だった自動車の普及率は、1920年には13人に1台、1929年には5.2人に1台に。

　自動車産業の発展により、**ライフスタイルは一変**。鉄鋼業が栄え、道路が整備され、スーパーマーケットやモーテル（ホテル）などのサービス業も展開。そして、郊外の住宅建設ラッシュ。ラジオや冷蔵庫といった**電気製品を使う生活**へと大変革をもたらしたのだった。

Chapter 09

ヴェルサイユ体制と
第二次世界大戦

ヨーロッパ中をゆるがした第一次
世界大戦により、アメリカが世界の
中心として台頭。しかし、戦後の
国際秩序を巡って、再び大規模
な戦争がはじまるのだった

section

01 戦後の国際秩序ヴェルサイユ体制とは?

02 ヨーロッパ全土が戦地! 第二次世界大戦の勃発

03 戦後、アメリカが国際社会のリーダーに

04 第二次世界大戦下で朝鮮半島の戦後が決まった

01 戦後の国際秩序 ヴェルサイユ体制とは？

第一次世界大戦が終わり、新たな国際体制が作られた。
そこには戦勝国の様々な思惑が込められていた。

第一次世界大戦は連合軍側が勝利し、**1919年にパリで講和会議が開かれた**（敗戦国とソヴィエト・ロシアは参加を認められなかった）。国際平和主義を謳った「ウィルソンの14カ条」が会議の指針となったが、ドイツと結んだヴェルサイユ条約は巨額の賠償金や領土縮小などドイツへの報復を狙ったものとなった。**こうした「ドイツの再興を阻止」「ソヴィエトへの対抗」などが国際体制の基本となった（ヴェルサイユ体制）。**

第一次世界大戦後のヨーロッパ

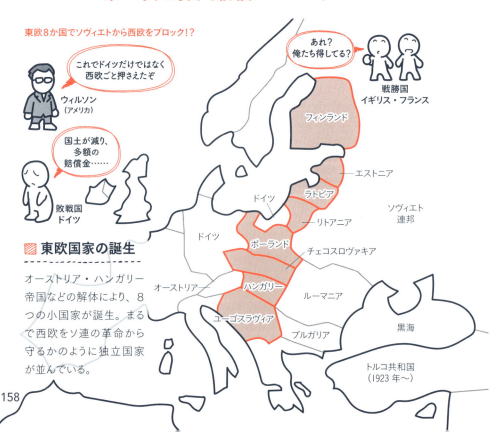

東欧国家の誕生

オーストリア・ハンガリー帝国などの解体により、8つの小国家が誕生。まるで西欧をソ連の革命から守るかのように独立国家が並んでいる。

ファシズムの台頭

世界恐慌

好景気に沸いた1920年代のアメリカで過剰な投機が行われたことなどが原因で1929年10月24日にウォール街で株価が大暴落（暗黒の木曜日）。世界の経済が低迷した。

1929年にアメリカで恐慌がおきる。恐慌は世界中に広がり、**列強は対策として自国と植民地の間だけで貿易を行った（ブロック経済）**。ドイツではヒトラーが不況などに対する国民の不満を背景に政権を取り、イタリアでもムッソリーニがエチオピアに侵攻するなど、**ヨーロッパでファシズムが台頭した**。

02 ヨーロッパ全土が戦地！第二次世界大戦の勃発

ファシズム国家の侵攻で、再び世界大戦の幕が切って落とされた。戦場はアジアにも拡大された。

日本は中国の東北部に1932年に満州国を建国するが、国際連盟で認められず、日本は脱退。**1937年に日本は中国との戦争に突入する。** 1935年、イタリアはエチオピアに侵攻。ドイツは1938年にオーストリアを併合し、1939年にはソ連との間に独ソ不可侵条約を結んでポーランドに攻め入る。1938年のドイツによるチェコスロヴァキアのズデーテン割譲を認めた英仏も、今回は宣戦を布告。**第二次世界大戦が勃発した。**

第二次世界大戦がおこるまで

大戦中の国際関係

日中戦争

日本と中国は対立を深めていたが、1937年の盧溝橋事件を発端に日中戦争に突入。第二次世界大戦での日本の敗北まで戦いは続いた。

なぜ日本に原爆は投下された？

日本はソ連の仲介で降伏の準備を進めていたが、アメリカは原爆投下を強行。一刻も早い日本の降伏、ソ連への牽制などが投下の理由とされている。

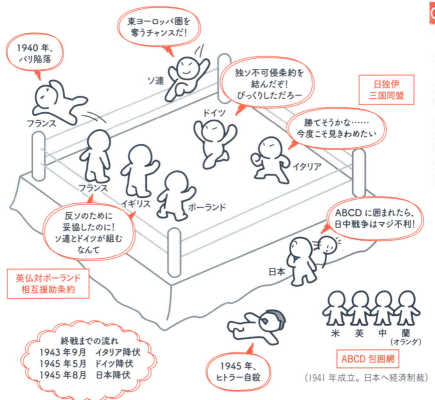

1940年には日独伊三国同盟が締結され、**同盟側の枢軸国とイギリス・フランスなどの連合国が戦った**。連合国は英仏の他、アメリカ、ソ連、中国など（ドイツは独ソ不可侵条約を1941年に一方的に破棄した）が参戦。**日本は資源確保などを狙って東南アジアや太平洋を攻め、戦場は世界中に広がった**。

このあたりのアメリカ

03 戦後、アメリカが国際社会のリーダーに

戦後の国際社会の秩序はアメリカの主導で作られた。
国際連合とブレトン・ウッズ体制がその二本柱だった。

大戦中、アメリカ国内では参戦に反対する世論が強かったが、1941年の日本の真珠湾攻撃をきっかけに参戦。**1945年8月、日本の降伏で戦争は終わった。**戦後の国際協調に関しては、1941年に大西洋会談で米英が話し合い**これが国際連合の設立につながった**。経済面では1944年のブレトン・ウッズ会議で国際通貨基金の発足が決まり、ドルを基軸通貨とする固定相場制も定まって、**戦後の世界の経済体制ができ上がった。**

国際秩序の二本柱 その1

大西洋会談
大西洋上で行われた英米首脳会談。連合国の戦後処理構想（安全保障システムの確立など）について話されたもの。

国際連盟

ヴェルサイユ条約によって1920年に発足。アメリカは提唱国だったにもかかわらず、共和党が多数の上院議会でウィルソン外交が拒否されて、国際連盟には参加しなかった。

国際秩序の二本柱　その2

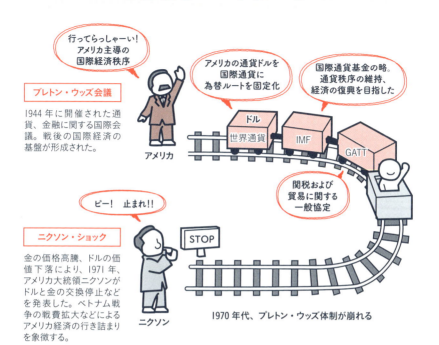

プレトン・ウッズ会議

1944年に開催された通貨、金融に関する国際会議。戦後の国際経済の基盤が形成された。

ニクソン・ショック

金の価格高騰、ドルの価値下落により、1971年、アメリカ大統領ニクソンがドルと金の交換停止などを発表した。ベトナム戦争の戦費拡大などによるアメリカ経済の行き詰まりを象徴する。

1970年代、プレトン・ウッズ体制が崩れる

日米関係のゆくえ

戦後、アメリカは日本を占領。1951年のサンフランシスコ平和条約で日本は独立を回復した。また、日米安全保障条約が結ばれ、日本とアメリカは同盟国となった。

第二次世界大戦後は**アメリカを中心とした資本主義の西側諸国**と、**ソ連を中心とした社会主義の東側諸国の対立が深刻化した**。いわゆる冷戦時代の幕開けで、これは1991年のソ連崩壊まで続いた。米ソ対立などの冷戦の状況から、アメリカは**日本を東アジアにおける同盟国にする方針をとった**。

04 第二次世界大戦下で朝鮮半島の戦後が決まった

西側陣営と東側陣営の対立によって、南北に分断された朝鮮半島。代理戦争の形で朝鮮戦争もおきた。

1897年に国号を変更した大韓帝国は日露戦争後は日本の保護国となり、1910年の日本による韓国併合で消滅。第二次世界大戦後に朝鮮人民共和国の建国が宣言されたが、米ソが認めず、**北緯38度線から北をソ連が、南をアメリカが分割して統治することになった**。民主的な朝鮮統一政府を作ることも目指したが、米ソの対立で失敗。**1948年8月に大韓民国、1948年9月に朝鮮民主主義人民共和国が建国された**。

第二次世界大戦後と朝鮮半島

二つに分かれる朝鮮半島

金日成のカリスマ性

ソ連軍に参加していた金日成が帰還後、北朝鮮の首相になった。独裁を維持するため国民が金日成をカリスマ視して崇拝する体制を作り上げた。

1950年11月
アメリカ軍の支援を受けた国連軍が反撃してここまで占領

社会主義国家大賛成！

ソ連

支援

平壌

板門店

ソウル

1948年9月
朝鮮民主主義人民共和国成立

首相の金日成

いわゆる北朝鮮のこと

1953年7月
停戦ライン成立
（北緯38度線付近）

1950年8月
北朝鮮は突然、38度線を越えてここまで侵攻した

首都ソウルは押さえたぞ！

アメリカ

1948年8月
大韓民国成立

いわゆる韓国のこと

大統領の李承晩

09
ヴェルサイユ体制と第二次世界大戦

ソ連と中国の支持を受けて1950年6月25日に北朝鮮軍が北緯38度線を越え、朝鮮戦争がはじまった。ソ連と中国が北を支援し、国連軍（主にアメリカ）が南を支援する形で戦いは続いたが、休戦協定が結ばれて**1953年に停戦**。終戦協定（条約）ではない。その締結は、**米中両国の今後の関係に大きく左右されるだろう。**

165

column NO.09

子ども達 のデモで ゾウがやって来た?

戦後に交わされた日印交流秘話

　第二次世界大戦の際、上野動物園の動物たちは脱走の恐れありとして処分され、戦後の動物園にはゾウの姿はなかった。この状況に「ゾウがほしい」と声を上げたのは**東京都台東区の子ども達**だった。これは戦後の新しい民主主義教育の一つ、子どもだけで運営する「子供議会」と呼ばれる学習活動の中で、「ゾウを見たい」という提案がなされたことにはじまる。

　子ども達は「上野にゾウを！」と都庁にデモを決行。国会に請願書が提出され受理もされた。この話に感動したインドの貿易商がインドのネルー首相に子ども達の手紙や図面を届けたところ、1949年、日本がまだGHQの占領下にあった時、**インディラという名前のインド象**が日本に贈られた。ネルーは1957年に来日。上野公園でインディラとの再会を果たした後、広島平和公園に向かい原爆犠牲者へ祈りを捧げた。インドから贈られたゾウには、**ネルーの平和への想い**が託されていたのである。

Chapter 10

戦後の国際政治と現代の世界

2度にわたる世界戦争の後も、米ソ対立による冷戦がおき、世界は混乱する。いまだに世界各地で紛争や内乱も勃発。これから地球の未来はどこへ向かうのか!?

section

01 米ソ対立はなぜ冷たい戦争と呼ばれるのか？

02 ユダヤ人はなぜイスラエルを求めるのか？

03 文化大革命でさらに弱体化する中国

04 経済同盟ASEANはもともと政治同盟だった？

05 戦後のヨーロッパ統合とEU分裂の危機

06 「テロとの戦い」が超大国アメリカをゆるがす

07 なぜ今も世界各地で紛争は絶えないのか？

01 米ソ対立はなぜ冷たい戦争と呼ばれるのか？

アメリカとソ連を中心として、西側の資本主義諸国と東側の社会主義諸国は激しく対立した。

イギリスの元首相チャーチルは 1946 年に「鉄のカーテン」という言葉で、西側と東側に分かれたヨーロッパの状況を表わした。そして、1947 年にアメリカのトルーマン大統領が発表したヨーロッパ経済の復興計画にソ連が反発。**1949 年にはドイツが東西に分けられ、米ソ対立による冷戦は進んだ**。なお、冷戦という言葉は、**武器は使わないが、激しく対立した緊張状態**を指している。

第二次世界大戦後のヨーロッパ

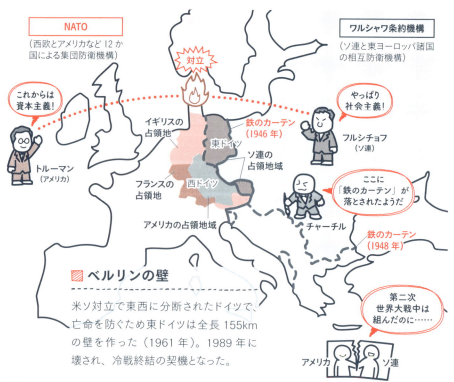

米ソ対立と世界終末時計

世界終末時計

核戦争などによる人類の絶滅を午前0時になぞらえ、それまでの残り時間を象徴的に示した時計。アメリカの科学雑誌が提案したもので、0時に近いほど緊張関係が高まっていることを表わす。

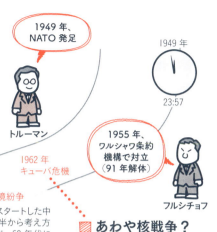

1949年、NATO発足
トルーマン

1949年 23:57

1955年、ワルシャワ条約機構で対立（91年解体）
フルシチョフ

1962年 キューバ危機

1969年 中ソ国境紛争

同じ社会主義でスタートした中ソは、50年代後半から考え方にすれ違いが生じ、60年代には国境をめぐって紛争へ。

1969年 23:50

あわや核戦争？

1962年、ソ連のキューバでのミサイル基地建設にアメリカが反発。アメリカが海上封鎖したことでソ連はミサイルを撤去したが、核戦争一歩手前の状況だった。

1979～89年 ソ連のアフガニスタン侵攻

親ソ政権を支持する形でイスラーム原理主義ゲリラを抑えるために侵攻。欧米諸国は反発し、ソ連の権威失墜の原因に。

1980年 23:53

ブッシュ（アメリカ） ゴルバチョフ（ソ連）

ソ連崩壊

1991年 23:43

1989年 マルタ会談が成立

マルタ会談

冷戦の終結を宣言した米ソ首脳会談。東欧革命が進み、ベルリンの壁が崩壊。12月にマルタ会談が開かれ、冷戦の終結が行なわれた。

10 戦後の国際政治と現代の世界

1979年、ソ連のアフガニスタン侵攻を受けて西側諸国はモスクワ五輪をボイコットするなど東西対立は続いたが、ソ連書記長ゴルバチョフの**ペレストロイカ（刷新）をアメリカが支持**。ソ連が介入を止めたことで**東欧の民主化が進み**、1989年、米ソの**マルタ会談で冷戦終結宣言が出された**。

このあたりのパレスチナ

BC.3000 BC.500 0 500 1000 1200 1400 1600 1700 1800 1900 1950 2000

02 ユダヤ人はなぜイスラエルを求めるのか？

ユダヤ人国家の滅亡によって流浪の民となり差別され続けたユダヤ人。彼らのイスラエルの帰還は軋轢（あつれき）を生んだ。

2世紀にローマに制圧されたパレスチナのユダヤ人は離散し、迫害を受け続け、安住の地を求めてきた（シオニズムと呼ぶ）。1917年、イギリスのバルフォア宣言によりパレスチナでの建国が現実味を帯びた。1930年代にはナチスの迫害から逃れてパレスチナに移住するユダヤ人が急増。1947年にパレスチナをアラブ人とユダヤ人で分割する決議が国連で選択され、**1948年にイスラエルが建国された。**

イスラエルを巡る現代の争い

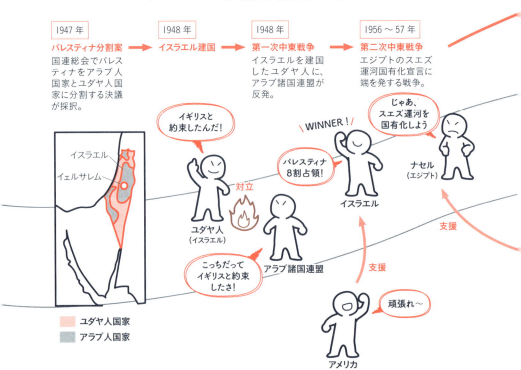

170

シオニズムとは

イスラエル（パレスティナ地方）は神がユダヤ人に与えた土地だから、そこにユダヤ人の故郷を再建しようという考えと運動。19世紀末にヨーロッパのユダヤ人を中心に高まった。シオンとはパレスティナの古名としても使われるもの。

4つに分かれるイェルサレム

イェルサレムはアルメニア人、キリスト教徒、イスラーム教徒、ユダヤ教徒の4地区に分かれている。

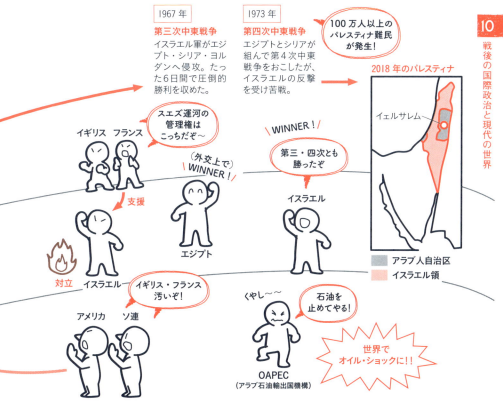

パレスティナは長らくイスラム文化圏で、そこに多くのアラブ人が暮らしていたため、イスラエル建国はアラブ諸国から反発を受けた。1948年から4度にわたって**イスラエルとアラブ諸国が戦う中東戦争がおきている**。イスラエルによって生まれた**パレスティナ難民の問題**も解決しておらず、今も対立と混乱は続いている。

03 文化大革命でさらに弱体化する中国

指導者・毛沢東が行ったプロレタリア文化大革命で、たくさんの人が粛清され、国は混乱した。

中国の指導者・毛沢東は1966年に資本主義的な派閥（走資派）を一掃する目的で**プロレタリア文化大革命**を発動した。毛は1958〜1962年に農工業の増産を狙った大躍進政策を行おうとしたが、農村が荒廃し数千万人ともいわれる膨大な餓死者を出すなど大失敗。国家主席の座を退いていた。毛と腹心の四人組（**江青**、**王洪文**、**張春橋**、**姚文元**）は、失った自分らの権力を奪回するために、革命をおこしたのだ。

プロレタリア文化大革命

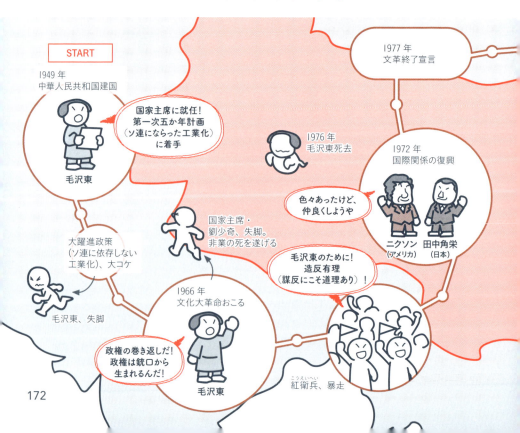

文化大革命では紅衛兵と呼ばれる学生組織が、毛と対立する政治家や学者、芸術家達を思想などを理由に攻撃し、多数の人が投獄・殺害された。1976年に毛が死に、**四人組が逮捕されて終結するまで国を大きく混乱させた**（終結宣言は77年）。その後1981年に共産党は文化大革命の誤りを認めている。

04 経済同盟ASEANはもともと政治同盟だった?

東南アジア5か国の連合 ASEAN は 60 年代の結成当初は現在とは違う意味合いを持っていた。

ASEAN（東南アジア諸国連合）は 1967 年にタイ、インドネシア、フィリピン、マレーシア、シンガポールのバンコク宣言によって結成された。5 か国の指導者は国内の共産主義者による反乱に悩まされていたため、結成当初の ASEAN は**反共政治同盟という性格が強かった**。また、不満を持った国民が反政府勢力を支持しないようにするための**自国の開発発展も急務**で、それに集中できる国際的な環境を作ろうとしていた。

東アジアの経済成長

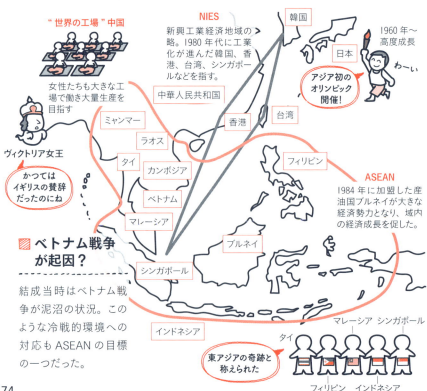

地域統合化の進む世界

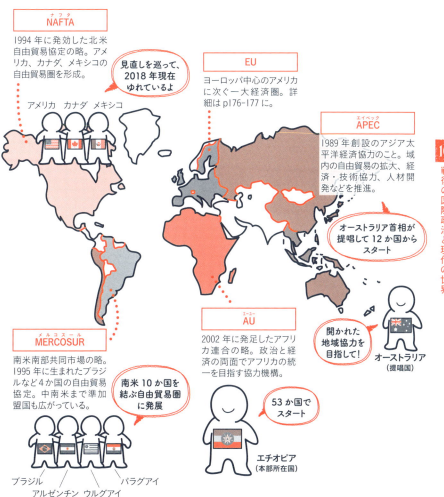

ベトナム戦争終結後の70年代後半から ASEAN は**経済面での協力を強めていく**。1984年にブルネイ、1995年にベトナムと加盟国の数も増えた（2018年現在は10か国）。国と国がつながって経済などをまとめて動かしていこうという動きは、ASEAN 以外にも世界各地で進んでいる。

05 戦後のヨーロッパ統合とEU分裂の危機

たびたび戦争を繰り返してきたヨーロッパの国々が一つになろうとしているが、経済格差などの課題も……。

19世紀から「ヨーロッパを一つに」という考え方はあり、1946年にはイギリスのチャーチルもヨーロッパ合衆国を提唱している。具体的な動きとしては、1952年にフランスと西ドイツなどが**ヨーロッパ石炭鉄鋼共同体（ECSC）**を発足させた。1958年には**ヨーロッパ経済共同体（EEC）とヨーロッパ原子力共同体（EURATOM）**が発足。これらの3つが統合されて、**1967年にヨーロッパ共同体（EC）**が生まれた。

EUの誕生するまで

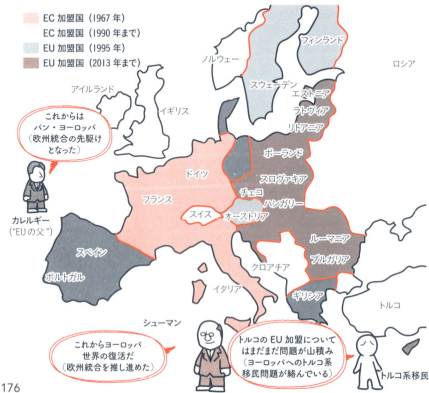

EUの抱える問題

ウクライナとEU

ウクライナは元ソ連の一員。2004年以降、親ロシア派と親欧米派が対立している。2014年にEUとの連合協定署名が実現し、ロシアとの関係は悪化。まだ不安定な状態にある。

ギリシアとEU

2010年以降の財政悪化で、EUはギリシアを救済してくれるか、それとも、ロシアに接近するか、でゆれている。

1992年のマーストリヒト条約でECは**ヨーロッパ連合（EU）に発展**。政治的な統合を目指して**統一通貨ユーロも発行**し、加盟国は全欧に。だが、EU圏内の経済格差による補助金の不公平な拠出などのデメリットを嫌った**イギリスが離脱を表明**した他、難民の受け入れや続発するテロなど問題も残されている。

このあたりのアメリカ、イラク、アフガニスタン

06 「テロとの戦い」が超大国アメリカをゆるがす

2011年9月11日、アメリカで史上最大級のテロが発生。アメリカは「テロとの戦争」を掲げて戦うが……。

2001年9月11日、ハイジャックされた旅客機がニューヨークの世界貿易センタービルに衝突する**大規模テロが発生（9・11テロ）**。首謀者とされるウサマ・ビン・ラディンは1990年の湾岸戦争で米軍がサウジアラビアに駐留したことに怒り、反米活動に傾倒。ビン・ラディンを支援し、その引き渡しも拒否したアフガニスタンのタリバーン政権を**アメリカは攻撃して崩壊させ**、2011年には潜伏中のビン・ラディンを殺害した。

唯一の超大国となるアメリカ

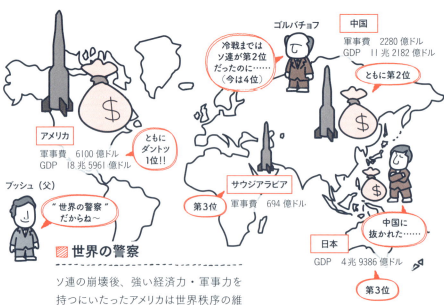

世界の警察

ソ連の崩壊後、強い経済力・軍事力を持つにいたったアメリカは世界秩序の維持と称して各地の紛争に介入をはじめた。しかし、オバマ大統領は、アメリカが世界の警察である必要はないと宣言。

※数字はストックホルム国際平和研究所（SIPRI）、IMFのデータをもとに作成

「テロとの戦い」とアメリカ

タリバーン政権崩壊後、アメリカのジョージ・W・ブッシュ大統領はイラン、イラク、北朝鮮を**「悪の枢軸」と呼び危険視した**。イラクに対しては大量破壊兵器を保有しているという理由で、**「テロとの戦い」を掲げて** 2003 年にイラク戦争に突入。殺りくにまみれたフセイン独裁政権は崩壊したが、大量破壊兵器は見つからなかった。

07 なぜ今も世界各地で紛争は絶えないのか？

冷戦が終わり東側諸国と西側諸国の対立が解消されてもいまだに世界では争いが続いている。

世界各地でいまだに争いの火種がくすぶっていて、それらには歴史的背景がある。インドはカシミール地方の領土問題などを巡ってパキスタン、中国と対立して**第一次〜第三次印パ戦争、中印戦争で激突**。今も緊張状態は解けていない。カンボジアではベトナム戦争の影響で **1970 年より内戦が勃発**。犠牲者 100 万人とも 200 万人ともいわれる大量虐殺を行ったポル・ポトが 1998 年に死亡したことで、ようやく戦いが終結した。

第二次世界大戦後の主な紛争や問題

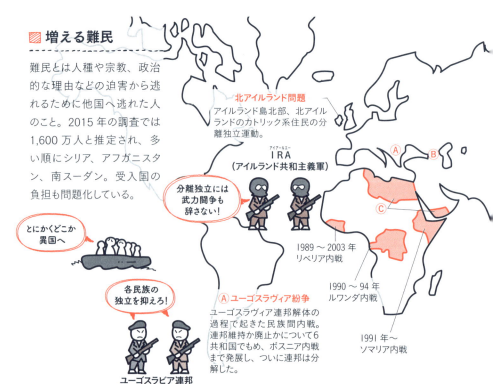

中東では過激派組織ISが出現し、イスラームを巡る問題はなお山積みだ。**2010年よりチュニジアやエジプト、リビアなどで民主化を求める運動「アラブの春」も広がった**が、政権崩壊後に内戦がおきた国もある。アフリカやバルカン諸国など、植民地や二つの大戦の影響を引きずった紛争は絶え間ない。

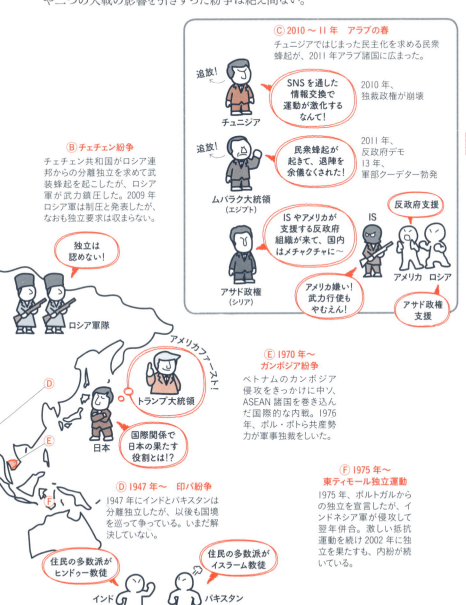

世界史・日本史年表

※年代などは特別にことわりがない場合、『新 もういちど読む 山川世界史』（山川出版社）に準拠しています。

年代	世界でおきた出来事	年代	日本でおきた出来事
紀元前 5000 頃	黄河流域に仰韶文化がおこる	前1万 3000 頃	縄文時代（〜前400頃）
	長江流域に長江文明おこる		
前3500 頃	シュメール人が都市文明を築く		
前3000 頃	古代エジプト王国が建国		
	エーゲ文明がおこる		
前2800 頃	黄河流域に竜山文化がおこる		
前2650 頃	エジプトで古代エジプト王国（第3〜6王朝）が繁栄		
前2400 頃	シュメール人の国家がアッカド人により滅亡		
前2300 頃	インダス文明が拡大		
前2020 頃	エジプトで中王国（第11〜12王朝）が繁栄		
前1900 頃	アムル人がバビロン第一王朝を樹立		
前1800 頃	第6代ハンムラビ王の治世		
前1600 頃	中国で最古の王朝とされる殷が建国		
前1595 頃	バビロン第一王朝がヒッタイト人により滅亡		
前1570	エジプトで新王国（第18〜20王朝）が繁栄		
前1500 頃	アーリヤ人がインダス川流域に都市形成を開始		
前1200 頃	謎の一族「海の民」によりヒッタイトが滅亡		
前1100 頃	殷が周により滅亡		
	ギリシアに鉄器が普及		
前1000 頃	アーリヤ人がガンジス川流域に都市形成を開始		

年代	世界でおきた出来事	年代	日本でおきた出来事
前 920 頃	エジプトでクシュ王国が建国		
前 900 頃	インドでのちのカースト制度のもとになるヴァルナ制が成立		
前 800 頃	ギリシア人がポリス（都市国家）の形成を開始		
前 770 頃	周が衰え、春秋時代が開始		
前 722	イスラエル、アッシリアに滅ぼされる		
前 700 頃	アッシリア人がオリエントを統一		
前 612 頃	アッシリアが滅亡		
前 586 頃	ユダヤ人がバビロンに強制移住（バビロン捕囚）		
前 550	アケメネス朝が建国		
前 525	エジプト王国がアケメネス朝ペルシアにより滅亡		
	アケメネス朝がオリエント統一		
前 509 頃	ローマ共和政が開始		
前 500 頃	ペルシア戦争が勃発		
	ガウタマ・シッダールタが仏教を開く		
前 431	ペロポネソス戦争が勃発		
前 403 頃	中国で戦国時代が開始	前 400 頃	水稲耕作が拡大
前 334 頃	アレクサンドロス大王が東方へ遠征		
前 330	アケメネス朝が滅亡		
前 264	ポエニ戦争が勃発		
前 221	秦の始皇帝がはじめて中国を統一		
前 202	劉邦が漢（前漢）を建国		
前 190 頃	衛満が衛氏朝鮮を建国		
前 146	カルタゴが滅亡		
前 100 頃	アメリカ大陸でテオティワカン文明がおこる		
前 30	エジプトのプトレマイオス朝が滅亡		
前 27	帝政ローマが成立		
25	後漢が建国		

年代	世界でおきた出来事	年代	日本でおきた出来事
30 頃	イエスが処刑	57	倭奴国王が後漢へ使節を派遣
64	ネロ帝によるキリスト教徒迫害		
220	魏・蜀・呉による三国時代が開始	239	邪馬台国の卑弥呼が魏へ使節を派遣
284	ディオクレティアヌス帝が即位し、専制君主制が開始		
313	キリスト教がミラノ勅令で公認		
325	ニケーア公会議が開催		
330	コンスタンティノープル遷都		
375 頃	ゲルマン人が大移動を開始		
392	キリスト教がローマの国教となる	391	倭が百済・新羅を攻撃
395	ローマ帝国が東西に分裂	404	倭が高句麗の攻撃により新羅から撤退
476	西ローマ帝国が滅亡	478	倭王武が宋へ使節を派遣
481	フランク王国が建国		
527	ビザンツ帝国でユスティニアヌス帝が即位		
581	楊堅（文帝）が隋を建国		
589	隋が中国を統一		
610	ムハンマドが神の啓示を受ける	603	聖徳太子が冠位十二階を制定
618	隋が滅び、李淵が唐を建国	607	小野妹子が隋へ出発
622	ムハンマドがメッカからメディナへ聖遷（ヒジュラ）	630	第一回遣唐使が出発
632	正統カリフ時代が開始	645	大化改新（乙巳の変）
650 頃	イスラーム教がアフリカで広がる	663	ヤマト政権が白村江の戦いで敗北
	イスラーム教の聖典『コーラン』が成立	701	大宝律令が完成
676	新羅が朝鮮半島を統一	710	平城京（奈良）に遷都
732	イスラーム勢力がトゥール・ポワティエ間の戦いでフランク軍に敗北	727 頃	渤海使が来日
750	アッバース朝が成立	754	鑑真が来日
751	タラス河畔の戦い、製紙法が西伝	794	平安京（京都）に遷都
800	カール大帝が西ローマ帝国の帝冠を獲得（カールの戴冠）	894	遣唐使派遣を停止
907	唐が滅亡し、五代十国時代	939	平 将門の乱

年代	世界でおきた出来事	年代	日本でおきた出来事
979	宋が中国を統一	1016	藤原道長が摂政に就任
1096	第一回十字軍が遠征を開始	1086	白河上皇が院政を開始
1200 頃	アメリカ大陸でインカ帝国が成立	1167	平 清盛が太政大臣に就任
1206	チンギス・ハンがモンゴルを統一	1185	壇ノ浦の戦いがおきる
1243	キプチャク・ハン国成立	1192	源 頼朝が征夷大将軍に就任
1271	フビライ・ハンが国号を元と改称		
1274	元が日本への侵攻を開始	1274	モンゴル軍が侵攻、文永の役が勃発
1275	マルコ・ポーロが大都（北京）へ到着	1281	モンゴル軍が侵攻、弘安の役が勃発
1300 頃	オスマン帝国が建国	1333	鎌倉幕府が滅亡
1339	英仏百年戦争が開始	1336	南北朝に分立
1368	朱元璋（洪武帝）が明を建国	1338	足利尊氏が征夷大将軍に就任
1392	李成桂が李氏朝鮮を建国	1378	足利義満が幕府を室町第（花の御所）へ移動
1405	明の鄭和が遠征を開始	1404	明との勘合貿易を開始
1428 頃	アメリカ大陸でアステカ王国成立	1429	尚巴志王が琉球王国を建国
1453	ビザンツ帝国がオスマン帝国により滅亡		
1455	バラ戦争が勃発	1467	応仁・文明の乱が勃発
1479	スペイン王国が成立		
1492	スペインでレコキンスタが完了		
	コロンブスがアメリカ大陸に到達		
1498	ヴァスコ・ダ・ガマがインドの航路を開拓（カリカット到着）		
1500 頃	ヨーロッパの奴隷貿易が本格化		
1517	宗教改革が開始、プロテスタントの誕生		
1519	マゼランが世界周航に出発		
1521	アステカ王国がコルテスにより滅亡		
1526	イスラーム勢力がインドにムガル帝国を建国		
1533	インカ帝国がピサロにより滅亡	1543	鉄砲がポルトガルより伝来
1571	レパントの海戦が勃発	1549	キリスト教がザビエルにより伝来
1580 頃	スペインが覇権を掌握	1573	室町幕府が滅亡

年代	世界でおきた出来事	年代	日本でおきた出来事
1581	オランダ独立宣言	1582	天正遣欧使節が出発
1588	スペイン無敵艦隊がイギリス艦隊に敗北	1590	豊臣秀吉が朝鮮通信使を引見
1600	イギリスが東インド会社を設立	1592	朝鮮出兵を開始
1602	オランダが東インド会社を設立	1603	徳川家康が征夷大将軍に就任
1609	オランダがスペインから事実上独立	1609	琉球王国が薩摩藩の支配下に入る
1613	ロシアでロマノフ朝が成立		
1642	イギリスでピューリタン（清教徒）革命が勃発	1639	ポルトガル船の来航が禁止
1644	明が滅亡し、清が中国支配を開始	1641	オランダ商館を出島へ移動
1660	イギリスで王政が復古		
1661	フランスでルイ14世が絶対王政を開始		
1688	イギリスで名誉革命が開始		
1701	スペイン継承戦争が勃発		
1701	プロイセン王国が成立		
1707	大ブリテン王国が成立	1716	徳川吉宗が享保の改革を開始
1769	ワットが蒸気機関の改良に成功		
1775	アメリカ独立戦争が勃発		
1776	アメリカ独立宣言を発表		
1783	アメリカがパリ条約によりイギリスから独立		
1789	フランス革命が開始	1787	松平定信が寛政の改革を開始
1792	フランスで第一共和政開始		
1804	ナポレオンが皇帝に即位		
1805	トラファルガー沖の海戦	1808	フェートン号事件が発生
1805	ムハンマド・アリーがエジプトの総督となり実権を握る		
1812	ナポレオンがロシアを遠征		
1814	パリが陥落し、ナポレオンが退位		
1814	ウィーン会議が開催		
1815	ワーテルローの戦い	1825	異国船打払令が発布
1830	フランスで七月革命		
1840	アヘン戦争が勃発		

年代	世界でおきた出来事	年代	日本でおきた出来事
1842	南京条約を締結	1841	水野忠邦が天保の改革を開始
1848	フランスで二月革命		
	ドイツ・オーストリアで三月革命		
1851	オーストラリアで金鉱発見		
	太平天国の乱（～1864年）		
1853	クリミア戦争が勃発	1853	アメリカのペリーが浦賀に来航
1856	アロー戦争勃発		
1857	インド大反乱	1854	日米和親条約を調印
1858	イギリスがムガル帝国を滅ぼし、インドの直接統治を開始	1855	日露和親条約を調印
1861	リンカンがアメリカ大統領に就任	1858	日米修好通商条約を調印
	アメリカで南北戦争が勃発		
1863	リンカンが奴隷解放宣言を発表		
1869	スエズ運河が開通	1867	徳川慶喜が大政奉還の上表文を提出
1871	ドイツ帝国が成立	1868	明治維新
1877	イギリス領インド帝国が成立		戊辰戦争が開始
1882	独・墺・伊による三国同盟が成立	1872	太陽暦採用
1884頃	ベルリン会議でアフリカ分割が本格化	1875	江華島事件が発生
1884	清仏戦争が勃発		
1885	天津条約を締結	1889	大日本帝国憲法が公布
1894	朝鮮で甲午農民戦争がおこる	1894	日清戦争が勃発
1895	清が日清戦争で日本に敗北	1895	下関条約を調印
1900	義和団事件がおこる	1902	日英同盟協約を調印
1904	日露戦争勃発	1904	日露戦争が勃発
1905	ロシアで血の日曜日事件が発生	1905	ポーツマス条約を調印
1907	英・仏・露による三国協商が成立	1907	日露協約を調印
1908	オスマン帝国で青年トルコ革命勃発	1909	生糸の輸出量で世界第一位となる
1910	南アフリカ連邦が成立	1910	韓国併合
1911	辛亥革命	1911	日米通商航海条約が改正（関税自主権の回復）
1912	清が滅亡し、中華民国が建国		

187

年代	世界でおきた出来事	年代	日本でおきた出来事
1914	サライェヴォ事件が発生	1914	ドイツに宣戦
	第一次世界大戦が勃発	1915	中国に21カ条を要求
	パナマ運河が完成		
1915	日本が中国に二十一カ条の要求を出す		
	フサイン・マクマホン協定締結		
1917	第一次ロシア革命		
	イギリスがバルフォア宣言を締結		
	アメリカが第一次世界大戦に参戦		
1918	第一次世界大戦が終結	1918	シベリア出兵開始
1919	パリ講和会議が開催、ヴェルサイユ体制が誕生		
1920	国際連盟が成立		
	アメリカが国際連盟に不参加を表明		
1921	ワシントン会議が開催		
	陳独秀が中国共産党を結成	1923	関東大震災が発生
1922	ソヴィエト社会主義共和国連邦が成立	1925	日ソ基本条約を調印
	オスマン帝国がトルコ革命により滅亡		
1929	アメリカのウォール街で株が大暴落（世界恐慌）	1930	金解禁令が公布
		1931	満州事変が発生
1931	ウェストミンスター憲章が制定	1932	満州国樹立
1933	ドイツでヒトラーが首相に就任	1933	国際連盟から脱退通告
1936	西安事件が発生	1936	二・二六事件
1937	日中戦争が勃発	1937	盧溝橋事件がおきる
1939	第二次世界大戦が勃発	1940	日・独・伊による三国同盟が成立
1941	太平洋戦争が勃発		
1945	アメリカが日本に原子爆弾を投下	1945	ポツダム宣言を受諾
	第二次世界大戦が終結		
	国際連合が成立		
	アラブ諸国連盟が結成		
1946	インドシナ戦争が勃発	1946	日本国憲法が公布
1947	インドとパキスタンがイギリスから分離独立	1947	教育基本法と労働基準法が公布

年代	世界でおきた出来事	年代	日本でおきた出来事
1948	イスラエルが建国宣言を発表		
	ソ連がベルリンを封鎖		
	第一次中東戦争が勃発		
	大韓民国・朝鮮民主主義人民共和国が成立		
1949	中華人民共和国が建国	1949	湯川秀樹がノーベル物理学賞を受賞
	ドイツが米ソ冷戦により東西に分断		
1950	朝鮮戦争が勃発	1951	サンフランシスコ講和会議でサンフランシスコ平和条約を調印
1955	黒人の権利保障を求めた公民権運動が本格化	1954	MSA（相互安全保障法）協定を調印
	アジア・アフリカ会議が開催		
1956	エジプトがスエズ運河の国有化を宣言	1956	日ソ国交回復、国際連合に加盟
	第二次中東戦争が勃発		
1960	アフリカ17か国が相次いで独立、「アフリカの年」	1960	日米新安保条約を調印
1960頃	ベトナム戦争が勃発		
1962	キューバ危機が発生		
1963	米・英・ソ連が部分的核禁止条約を調印		
1964	パレスティナ解放機構（PLO）が結成	1964	東京オリンピックが開催
1966	プロレタリア文化大革命が開始	1965	日韓基本条約を調印
1967	第三次中東戦争が勃発		
	東南アジア諸国連合（ASEAN）が結成		
1969	アポロ11号が月面着陸に成功	1971	沖縄返還協定を調印
1972	アメリカのニクソン大統領が訪中	1972	日中国交が正常化
1973	第四次中東戦争が勃発		
	石油危機（オイル・ショック）が発生		
1975	ベトナム戦争が終結	1978	日中平和友好条約を調印
1979	ソ連軍がアフガニスタンへ侵攻		
	イラン革命で共和制成立		
1980	イラン・イラク戦争が勃発	1986	男女雇用機会均等法が施行

年代	世界でおきた出来事	年代	日本でおきた出来事
1989	天安門事件がおこる	1987	利根川進がノーベル生理学・医学賞を受賞
	冷戦がマルタ会議にて終結	1989	消費税が導入
	ベルリンの壁が冷戦終結により撤去		
1990	東西ドイツが統一		
	ルワンダ内戦が勃発		
	イラクがクウェートに侵攻		
1991	湾岸戦争が勃発	1991	ペルシア湾に自衛隊掃海艇を派遣
	ソ連が解体	1992	PKO協力法が成立
1993	ヨーロッパ連合（EU）が成立		
	パレスティナ暫定自治が合意		
1994	マンデラが南アフリカ大統領に就任	1995	阪神・淡路大震災発生
			地下鉄サリン事件が発生
1998	インドとパキスタンが核実験を実施		
2001	アメリカで同時多発テロ事件が発生	2000	九州・沖縄サミットを開催
2003	アメリカ・イギリスがイラク攻撃を開始	2004	イラクに自衛隊を派遣
2006	北朝鮮が核実験を実施	2008	北海道・洞爺湖サミットを開催
2009	オバマがアメリカ大統領に就任	2009	自民党から民主党へ政権交代
2010	「アラブの春」がおこる		
	ギリシャで経済危機が表面化	2011	東日本大震災が発生
		2013	富士山が世界文化遺産に登録
2011	シリア内戦が本格化	2014	集団的自衛権の行使を容認する閣議を決定
	南スーダンがスーダンから独立	2015	TPP（環太平洋連携協定）に大筋合意
2014	過激派組織ISが国家樹立を宣言	2016	熊本地震が発生
2015	アメリカとキューバの国交回復	2017	平成天皇、生前退位特例法が成立
2016	イギリスがEU離脱を表明		自衛隊が南スーダンから撤退

主要参考文献

『一冊でわかる　イラストでわかる　図解宗教史』成美堂出版編集部編（成美堂出版）

『一冊でわかる　イラストでわかる　図解世界史』成美堂出版編集部編（成美堂出版）

『エリア別だから流れがつながる世界史』祝田秀全監（朝日新聞出版）

『キーワードで探る四大文明』吉村作治他編（日本放送出版協会）

『銀の世界史』祝田秀全著（筑摩書房）

『軍装・服飾史カラー図鑑』辻元よしふみ著（イカロス出版）

『古代オリエントの世界』古代オリエント博物館編（山川出版社）

『古代オリエント文明の誕生』H・フランクフォート著（岩波書店）

『最新版 図説 よくわかる世界の紛争 2017』毎日新聞外信部編（毎日新聞出版）

『仕事に効く 教養としての「世界史」』出口治明著（祥伝社）

『新 もういちど読む 山川世界史』「世界の歴史」編集委員会編（山川出版社）

『人類の歴史を作った船の本』ヒサ クニヒコ絵・文（子どもの未来社）

『世界服飾史のすべてがわかる本』能澤慧子監（ナツメ社）

『地政学でよくわかる！　世界の紛争・戦争・経済史』神野正史著（コスミック出版）

『中国の歴史と社会』課程教材研究所・綜合文科課程教材研究開発中心編（明石書店）

『図解大航海時代大全 』横井祐介著（カンゼン）

『図説騎士の世界』池上俊一著（河出書房新社）

『図説大航海時代』増田義郎著（河出書房新社）

『図説ヨーロッパ服飾史』徳井淑子著（河出書房新社）

『図説メソポタミア文明』前川和也編（河出書房新社）

『図説中世ヨーロッパの暮らし』河原温・堀越宏一著（河出書房新社）

『図説船の歴史』庄司邦昭著（河出書房新社）

『世界の歴史』増田ユリヤ日本語版監（ポプラ社）

『世界服飾史』深井晃子他監（美術出版社）

『東大生が身につけている教養としての世界史』祝田秀全著（河出書房新社）

『歴史が面白くなる　東大のディープな世界史』祝田秀全著（KADOKAWA／中経出版）

『歴史が面白くなる　東大のディープな世界史 2』祝田秀全著（KADOKAWA／中経出版）

『早わかり世界史』宮崎正勝著（日本実業出版社）

『ピクチャーペディア』スミソニアン協会監修（河出書房新社）

『ビジュアルワイド 図説世界史』東京書籍編集部編（東京書籍）

『山川 詳説世界史図録 第 2 版：世 B310 準拠』小松久男監（山川出版社）

『NHK スペシャル四大文明 インダス』近藤英夫編著（日本放送出版協会）

『NHK スペシャル四大文明 エジプト』吉村作治編著（日本放送出版協会）

『NHK スペシャル四大文明 中国』鶴間和幸編著（日本放送出版協会）

『NHK スペシャル四大文明 メソポタミア』松本健編著（日本放送出版協会）

『名画で読み解く「世界史」』祝田秀全監（世界文化社）

『カラー版　忘れてしまった高校の世界史を復習する本』祝田秀全著（KADOKAWA/ 中経出版）

監修 祝田秀全（いわた しゅうぜん）

東京都出身。東京外国語大学アジア・アフリカ言語文化研究所共同研究員、代々木ゼミナール講師を経て、Y-SAPIX東大館講師へ。著書は『銀の世界史』（筑摩書房）、『東大生が身につけている教養としての世界史』（河出書房新社）、『歴史が面白くなる 東大のディープな世界史』『歴史が面白くなる 東大のディープな世界史2』（ともにKADOKAWA／中経出版）、『2時間でおさらいできる世界史』（大和書房）など多数。学生時代から古典落語を聴くのが趣味。また、カメラを持って近代建築と喫茶店を探し回るライカ小僧でもある。

STAFF

編集	坂尾昌昭、中尾祐子（株式会社 G.B.）
本文イラスト	熊アート
カバーイラスト	ぷーたく
カバー・本文デザイン	別府拓（Q.design）
DTP	くぬぎ太郎、野口暁絵（TARO WORKS）
執筆協力	龍田昇、野田慎一、高山玲子、浦谷由美子、小林龍一

ゼロからやりなおし！
世界史見るだけノート

2018年10月29日　第1刷発行
2021年 4月26日　第2刷発行

監修　　　祝田秀全

発行人　　蓮見清一
発行所　　株式会社 宝島社
　　　　　〒102-8388
　　　　　東京都千代田区一番町25番地
　　　　　電話 営業：03-3234-4621
　　　　　　　　編集：03-3239-0928
　　　　　https://tkj.jp

印刷・製本　サンケイ総合印刷株式会社

本書の無断転載・複製を禁じます。
乱丁・落丁本はお取り替えいたします。
©Shuzen Iwata 2018 Printed in Japan
ISBN978-4-8002-8749-6